Rebell
Reiseziel Eden

WALTER REBELL

Reiseziel Eden

IM BANN EINER SEKTE

Patmos Verlag Düsseldorf

Die Deutsche Bibliothek – CIP-Einheitsaufnahme

Rebell, Walter:
Reiseziel Eden: Im Bann einer Sekte / Walter Rebell. –
1. Aufl. – Düsseldorf: Patmos-Verl., 1998
ISBN 3-491-72394-9

1. Auflage 1998
Satz: Typo Fröhlich, Düsseldorf
Druck und Bindung: Wiener Verlag, Himberg
ISBN 3-491-72394-9

I

Die kollektiven Selbstmorde religiöser Sekten scheinen sich in der letzten Zeit zu häufen. Greifen wir nur den Fall der Sonnentempler heraus. Gegründet 1984 durch den Belgier Luc Jouret, waren sie eine autoritär strukturierte Gruppe und geprägt von krausen esoterischen Ideen. Im Mittelpunkt ihres Denkens stand die Erwartung eines baldigen Endes der Welt. Am 5. Oktober 1994 wurden in einem abgebrannten Bauernhof im schweizerischen Kanton Freiburg und in zwei abgebrannten Landhäusern im Kanton Wallis insgesamt 48 tote Sektenmitglieder gefunden; bereits tags zuvor hatte man auf einer Farm in Kanada, in der Provinz Quebec, fünf Leichen entdeckt. Unter den Toten befand sich auch Luc Jouret, der Leiter. Die unter großer Anteilnahme der Öffentlichkeit durchgeführte Untersuchung der Schweizer Behörden ergab, daß die Tat ein religiöser Massenselbstmord war, motiviert durch die fanatische Endzeitstimmung der Gruppe und einen Verfolgungswahn.

Das Thema meiner Doktorarbeit sollte etwas Besonderes sein. Wenn die Berufskarriere mittelmäßig war, die Ehe gescheitert ist, die Mitte des Lebens naht: die magische Marke vierzig, hat man keine Zeit mehr zu verlieren. Sich mit fünfunddreißig, befreit vom Bekochen des Gatten und vom Stopfen der Socken, noch in das Abenteuer des Psychologiestudiums stürzen? Herrlich. Aber das durfte nur die erste Etappe sein. Nach dem Diplom hatte die Doktorarbeit zu folgen.

»Wenn jemand den Ruf in sich spürt, eine Kirche gründen zu sollen, so kann ihm die Wissenssoziologie jederzeit eine Blaupause zur Herstellung der nötigen Plausibilitätsstruktur liefern.« (Peter L. Berger)

Damit eine Doktorarbeit geschrieben werden kann, muß vieles zusammenströmen: eigene Ideen, Lesefrüchte. Und es muß jemand dasein, der an einen glaubt. Kubitzki. Oh, was verdanke ich diesem Mann! Selbst meine persönliche Leidensgeschichte habe ich ihm anvertraut, an langen Abenden am Kamin in seinem schönen Haus. Über das, was sich normalerweise zwischen Professor und Studentin abspielt, ging unsere Beziehung weit hinaus. Nein, verliebt war ich in Kubitzki nie. Und er nie in mich. Was mich an ihm faszinierte, war seine Art zu denken und zu analysieren. Die Neurose, mit der ich geschlagen war, die fürchterliche Zwangsneurose – er deckte sie mir auf in ihrer psychologischen Dynamik. Doch nicht nur um meine persönliche Problematik drehten sich die Gespräche mit Kubitzki, sondern vor allem um die Wissenschaft. Um sein Fach, die Religionspsychologie. Und um meine Doktorarbeit bei ihm. »Da haben Sie Ihr Thema, Frau Rotebrück«, sagte er, nachdem wir im Seminar ein Semester lang autoritäre Kulte behandelt hatten. »Machen Sie ein Experiment aus der Sache, prüfen Sie, wie weit sich Menschen bringen lassen. Und ich verspreche Ihnen: Es wird bis zum Selbstmord sein.«

Die Transformation sozialer Realität, von Horst Stenger und Hans Geißlinger (Kölner Zeitschrift für Soziologie und Sozialpsychologie, 1991, Seiten 247 – 270)
»Gegenstand dieses Aufsatzes ist die Beobachtung der Konstruktion sozialer Realität.«

Auch während der Gespräche mit Kubitzki war ich von meinen Zwangshandlungen nicht frei, er bekam die Krankheit also unmittelbar vorgeführt. Nach einem Gang zur Toilette blieb ich stets eine Viertelstunde im Badezimmer, um mich zu waschen; hin und wieder mußte ich in einen Nebenraum gehen, um dort ein Kinderlied vor mich hin-

zusummen – und was es sonst noch an absurden Ritualen zu verrichten gab.
Kubitzki hatte viel Geduld. Er steckte sich, wenn ich zu lange fortblieb, einen Zigarillo an und holte dieses oder jenes Buch aus der Bibliothek, um bereits die nächste Runde des Gesprächs vorzubereiten. Ich erinnere mich noch genau an den Moment, als er den Jahresband 1991 der Kölner Zeitschrift für Soziologie und Sozialpsychologie aufgeschlagen in der Hand hielt. Stärker als sonst hatte er an seinem Zigarillo gesogen, und der Tabakqualm brachte meine Augen zum Tränen. Die beiden Autoren Stenger und Geißlinger berichteten, so erfuhr ich durch den Qualm hindurch, von einem zweiwöchigen Feldexperiment, einem Freizeitlager in der Oberpfalz, bei dem Jugendliche dazu gebracht wurden, Dinge zu sehen, die nicht existierten: einen schlafenden Bison auf freiem Feld, Maulwurfshügel, die sich zwei Meter hoch türmten, einen Türrahmen, der mitten in der Landschaft ohne Haus stand und aus dem ein Fluß entsprang, ein italienisches Schloß. Überhaupt war die gesamte alltagsweltliche Realität der Jugendlichen in eine absurde esoterische transformiert worden. »Stenger und Geißlinger geben – und jetzt wird es interessant für uns, Frau Rotebrück – genaue Regeln an, nach denen das Welterleben von Menschen gesteuert werden kann. Zum Beispiel muß soziale Bestätigung dasein, vor allem durch Experten: Was mir andere beständig versichern, glaube ich schließlich. Jede Religion funktioniert so, Frau Rotebrück, jede Religion! Und deshalb ist Religion im Prinzip willkürlich erfindbar!«
Kubitzki hatte sich in Eifer geredet. Es hielt ihn nicht mehr in seinem Ledersessel neben dem prasselnden Kaminfeuer, er ging gestikulierend durch das Zimmer. Warum war der Mann nur so klein? Kaum mehr als einen Meter sechzig

maß er, und unansehnlich war er dazu: feuerrote, wirre Haare und ein Gesicht voller Sommersprossen. Aber einen eleganten blauen Anzug trug er, wie immer, nie hatte ich ihn anders angezogen gesehen. Von seiner physischen Erscheinung her hätte er keine Chance bei mir gehabt, aber wenn er redete wie jetzt, riß er mich mit. Die Worte sprühten geradezu aus ihm heraus: »Und nicht zu vergessen bei der Konstruktion einer Religion ist der Punkt ›emotionales Erleben‹! Stenger und Geißlinger weisen darauf hin, daß Leute ihr Weltbild nur dann gegen ein neues eintauschen, wenn bei dem Umwandlungsprozeß Gefühle erzeugt werden. Nehmen Sie zum Beispiel das frühe Christentum, es konnte sich einzig und allein darum so rasch ausbreiten, weil es faszinierende Gemeinschaftserfahrungen anzubieten hatte. Die Hinzugewonnenen fühlten sich in den christlichen Versammlungen endlich einmal geliebt und angenommen, deshalb – und nur deshalb – glaubten sie an den christologischen Mythos. Man hätte ihnen auch eine ganz andere Erfindung vorsetzen können – sie hätten sie ebenfalls geschluckt, Hauptsache, die Gefühle stimmten.«
Über meinen Rücken lief ein leichtes Frösteln. War das Kaminfeuer zu weit herabgebrannt? Wenn ich vorher etwas zu leger in meiner Couchecke gesessen hatte, war meine Haltung jetzt wieder korrekt, die Beine mit den fein gemusterten Strümpfen hatte ich eng nebeneinandergestellt. Kubitzki sollte, auch wenn sein Vortrag noch so wichtig war, allmählich zum Schluß kommen.
Ich erhielt, als wir uns verabschiedeten, jenen Zeitschriftenband, in dem der so bedeutsame Aufsatz stand, mit auf den Heimweg. Ja, ich werde zu Hause noch einmal alles in Ruhe durchlesen, versicherte ich meinem Professor, ganz die brave Studentin. Und wie um eine Bestätigung für

mein Versprechen zu geben, blätterte ich, schon in der Haustür, die Seiten des Aufsatzes rasch noch einmal durch. Plötzlich hielt ich inne. »Schauen Sie, die Seite 267 ist weggerissen«, wandte ich mich an Kubitzki.
Der Professor stutzte einen Moment, musterte mich mit zusammengekniffenen Augen und sagte dann leichthin: »Mir ist der Band neulich aus der Hand gerutscht, als ich genau diese Seite angefaßt hatte. Ich machte mir nicht die Mühe, sie wieder einzukleben, und warf sie ins Feuer, denn die Autoren haben hier, gegen Ende des Aufsatzes, nichts Neues mehr zu sagen. Seien Sie also unbesorgt, Frau Rotebrück, Ihnen entgeht nichts Wichtiges.«

Fred hatte also die Grabungslizenz für das Berner Oberland bekommen. Ich gönnte es ihm. Daß die nationalbewußten Schweizer eine archäologische Kampagne einem Deutschen anvertrauten, war freilich erstaunlich. Aber immerhin, Fred zählte für die keltisch-römische Mischkultur zu den international bekannten Fachleuten, sein bisher größter Erfolg war die Ausgrabung eines kleinen römisch-gallischen Tempels in Südfrankreich gewesen. Ich hatte Fred damals begleitet, war mit in seiner Equipe gewesen, hatte selber hin und wieder Maurerkelle, Pinsel, Okuliermesser oder Wasserwaage in die Hand genommen. In den arbeitsfreien Stunden waren wir Hand in Hand durch die Städte gebummelt, durch Nîmes, Avignon, Arles; oder hatten Fahrräder ausgeliehen, um unter strahlend blauem Himmel durch die sanft gewellte Landschaft zu fahren, vorbei an blühenden und duftenden Lavendelfeldern.
Zufallsentdeckungen. Auch davon lebt die Archäologie, nicht nur vom systematischen Suchen. Ob ich nicht sehe, daß der Boden an der Wegkreuzung, wo wir unsere Fahrräder abgestellt hatten und unser Picknick verzehrten,

etwas dunkler gefärbt sei als rundherum, fragte Fred. Ich bemerkte es erst bei ganz genauem Hinsehen. Leichenschatten, sagte er, es könnten Leichenschatten sein. Am nächsten Tag waren wir mit der ganzen Equipe an dem Ort, aber so tief wir auch gruben, Skeletteile fanden wir nicht; allerdings fiel die Erde, die wir aushuben, durch eigentümliche Dunkelfärbung auf. Eine humose Anreicherung, behauptete Fred, hier könne ein Friedhof gewesen sein. »Die Knochen bleiben bei Bestattungen keineswegs immer erhalten. Wenn der Boden sehr kalkhungrig ist, zehrt er das Skelett restlos auf. Zurück läßt die Leiche dann nur eine Dunkelfärbung. Wie hier.« Ich wußte es, daß Fred recht hatte, ich wußte es noch vor den chemischen Tests. Er hatte immer recht, alle blickten zu ihm auf. Ja, ausgekochtes Leichenfett im Reagenzglas und Phosphorreaktionen erbrachten den Beweis; nicht nur einen Tempel hatte Fred auf der Kampagne in Südfrankreich entdeckt, sondern auch noch einen Friedhof. Aber er feierte seinen Erfolg zu ausgelassen. Ich sehe ihn noch vor mir, wie er abends im Gartenrestaurant unter bunten Lampions und beim Zirpen der Grillen Karin im Arm hatte, seine Assistentin. Benebelt vom schweren Rotwein, verbrachte er dann die Nacht bei ihr, nicht bei mir.
Ob ich nicht kommen wolle, eine Woche Urlaub im Berner Oberland würde mir guttun. »Wie herrlich wären jetzt im Juni Wanderungen am Thuner See und am Brienzer See, Angelika. Wir stehen uns doch immer noch nahe, oder nicht? Scheidung heißt doch keinesfalls, daß man fortan nichts mehr zusammen machen darf.«
Nein, heißt es nicht. Und eigentlich stimmt es, Fred, ich brauche Urlaub, die Vorbereitungen des Experiments haben meine Kräfte übermäßig beansprucht. Bevor die Sache losgeht, Anfang Juli, könnte ich gut eine kleine Pause

einlegen. Aber nur für ein verlängertes Wochenende werde ich kommen. Und wohnen werden wir in getrennten Zimmern.

Ich müsse bei dem Piloten gewissermaßen meinen eigenen Tod in Auftrag geben, hatte Kubitzki gesagt und mich nachdenklich angeschaut, so lange, bis ich seinem Blick ausgewichen war. Ziel und Höhepunkt des Experiments sei ja die Einwilligung der Gruppe zum kollektiven Selbstmord – in einer dramatischen Situation oben in der Luft im Flugzeug. »Sie sollten den Leuten noch einmal mit allem Nachdruck die Mythologie erläutern, die wir zusammen konstruiert haben, Frau Rotebrück. Und Sie müssen ihnen versichern, daß die einzige Möglichkeit, Jaldabaoth zu entkommen und ins Reich des Lichts zu gelangen, darin besteht, den Leib, die Materie, zu sprengen – im buchstäblichen Sinn, mit Plastiksprengstoff. Nur so können die Seelenfunken ihren Weg in die Höhe ungehindert fortsetzen.«
Manchmal, wenn ich über die Sache nachdachte, hatte ich das schwindelnde Gefühl, Jaldabaoth, dieser dämonische Gott der unwirklichen, schattenhaften Welt – und das ist ja nach der Logik der Gnosis unsere Welt, die, in der wir leben –, existiere tatsächlich. Erfunden im eigentlichen Sinn hatten Kubitzki und ich ihn gar nicht, Jaldabaoth, gab es ihn doch bereits, und zwar in uralten Texten wie dem Apokryphon des Johannes, einem Zeugnis des gnostisch-esoterischen Christentums. Aber wir hatten ihm sozusagen Leben eingehaucht, und er war nun Wirklichkeit für uns. Ferner würden wir, als Experiment für meine Doktorarbeit, versuchen, eine ganze Gruppe in die gnostische Mythologie mit hineinzuziehen.

An der Spitze des Systems steht der wahre Gott, der Vater des Alls. Er befindet sich im reinen Licht, in das kein Auge zu blicken ver-

mag. Menschliche Beurteilungsmaßstäbe können ihn nicht erfassen: Er ist weder körperlich noch körperlos; er ist nicht groß und nicht klein, er hat keine meßbare Größe. Niemand kann ihn begreifen.
Aus dem wahren Gott entsteht, als sein Gestalt gewordener Gedanke, die Ennoia, die vollkommene Kraft, auch Barbelo genannt. Barbelo gebiert dem wahren Gott, dem Vater des Alls, einen seligen Lichtfunken, den göttlichen Autogenetos, einen Sohn, der den Namen Christus erhält.
Aus dem Licht (= Christus) und der Unvergänglichkeit durch den Lichtgott treten nun vier Lichtäonen mit jeweils drei Unteräonen in Erscheinung:
a) charis (mit dem Lichtengel Harmozel und den drei Unteräonen charis, Wahrheit, morphe);
b) synesis (mit dem Lichtengel Oroiael und den drei Unteräonen pronoia, aisthesis, Erinnern);
c) aisthesis (mit dem Lichtengel Daveithe und den drei Unteräonen synesis, agape, idea);
d) phronesis (mit dem Lichtengel Eleleth und den drei Unteräonen Vollkommenheit, Friede, Sophia).
Diese zwölf Äonen unterstehen Christus, sie sind sein Herrschaftsbereich. Die Erschaffung der oberen Lichtwelt ist damit vollendet. Jetzt setzt das Drama der Erschaffung des Kosmos ein, ausgelöst durch einen Fehltritt der Sophia (also des 3. Unteräons des 4. Äons): »Unsere Mitschwester aber, die Sophia, da sie ein Äon ist, ersann einen Gedanken aus sich heraus; und durch das Denken des Geistes und der Ersten Erkenntnis wollte sie das Ebenbild aus sich heraus in Erscheinung treten lassen, obwohl der Geist ihr nicht zugestimmt noch auch es gewährt hatte, noch auch hatte ihr Paargenosse zugestimmt.« (Apokryphon des Johannes, 36, 16-37,4)
So wurde Jaldabaoth geboren, der erste Archon, ein unvollkommenes und häßliches Wesen. Er schafft sich selber einen Äon (mit Himmel und Unterwelt), und zwar nach dem Vorbild der oberen Lichtwelt. Dabei setzt er dämonische Engelmächte ein: Jaoth, das Löwengesicht; Eloaios, das Eselsgesicht; Astaphaios, das Hyänengesicht; Jao, das Schlangengesicht mit sieben Köpfen; Adonaios, das Drachengesicht; Adoni, das Affengesicht; Sabbataios, das leuchtende Flammengesicht.

Jaldabaoth betrachtet sein Werk und sagt: »Ich bin ein eifersüchtiger Gott; außer mir gibt es keinen.« (44, 14-15)
Inzwischen erkennt die Sophia ihren Fehltritt und tut Buße. Ihre Buße wird angenommen, und es wird beschlossen, daß ihr Fehltritt korrigiert werden soll.
In der Welt des Jaldabaoth wird nun von den Archonten die Erschaffung des Menschen vorgenommen, entsprechend dem Spiegelbild des Gottes der oberen Lichtwelt. Die Archonten geben als Zweck ihrer Schöpfung an, durch den Menschen das göttliche Licht in ihre Schöpfung hineinbannen zu wollen: »Laßt uns ihn Adam nennen, damit der Name des Wesens und seine Kraft für uns zu Licht werden.« (49, 6-9) Der Leib des Menschen ist freilich noch unbeweglich. Erst nachdem Jaldabaoth, verleitet durch Boten aus der Lichtwelt (Christus und seine vier Lichtengel), in den Menschen Geist bläst (von seiner Mutter), beginnt er, sich zu bewegen. Nun entbrennt ein Kampf zwischen den Mächten des Lichts und den Mächten der Finsternis um die in den Menschen eingehauchten göttlichen Anteile. Die Archonten wollen den Menschen in Unkenntnis über seine göttlichen Anteile halten, die Lichtwelt will im Menschen Erkenntnis wecken. Der Kampf um den Menschen durchläuft verschiedene Phasen, wobei die endgültige Entscheidung durch die Sendung des Christus fällt: Er erinnert den Menschen an seinen himmlischen Ursprung und schafft so die Möglichkeit der Rückkehr in das Reich des Lichts.

Jene Mythologie, die Kubitzki und ich ausgebrütet hatten, lehnte sich eng an die des Apokryphons des Johannes an, war aber auch von anderen gnostischen Texten beeinflußt und setzte für den Akt der Erlösung ein modernes Mittel ein: das Flugzeug. Mit ihm würden wir sozusagen in die Lichtwelt aufbrechen, also zum kollektiven Selbstmord, und vorher zu Flügen, die durch ihre Manöver das Erlösungsdrama bereits andeuteten und uns in selige Stimmungen versetzten.
»Werden die Leute solchen Unsinn wirklich mitmachen, Herr Professor?«
»Sie werden, Frau Rotebrück, sie werden. Aber alles hängt

davon ab, wie überzeugungswirksam Sie vorgehen. Ob es Ihnen gelingt, die nötigen Persönlichkeitsveränderungen durchzuführen.«

Ich und das Manipulieren von Menschen. Fred hatte doch stets mich manipuliert. Wer hatte mir den Wunsch nach einem Kind ausgeredet? Wer mich so lange davon abgehalten, ein Studium aufzunehmen? An meiner Stelle müßte er jetzt sein, Fred, für ihn wäre die Umformung der Gruppe in eine Sekte ein leichtes. Seine Stärke bestand in der Fähigkeit, das Liebesbedürfnis und die Liebesfähigkeit anderer Menschen auf sich konzentrieren und für seine Ziele einsetzen zu können.

Ich solle die Literatur studieren, man habe über alles schon nachgedacht. Wie eine Gruppe in eine Sekte umgeformt wird? Wie die nötigen Methoden zur Persönlichkeitsveränderung aussehen?

»Es werden emotionsmobilisierende, euphorisierende und bewußtseinsverändernde Techniken eingesetzt. Hyperventilation, Zungenreden, exzessive Meditation. Wiederholte Labilisierung durch Fasten, Schlafentzug, körperliche und psychische Überforderung, sensorische Deprivation und ähnliche Techniken. Das Ziel ist dabei eine Art ›Spirituelles Erlebnis‹, das von der Gruppe dann als Geburt des wahren Menschen interpretiert wird (›Endlich habe ich mich selbst gefunden‹).«

»Auf einem Schloß muß man das alles machen, Frau Rotebrück. Stellen Sie sich zum Beispiel die Ahnengalerie vor, anstatt der Porträts hängen dort dann die Abbildungen unserer dämonischen Engel: Jaoth, das Löwengesicht, Eloaios, das Eselsgesicht ...«

Sabbataios, das leuchtende Flammengesicht, habe ich bereits entworfen. Während einer Nacht, in der ich keinen Schlaf fand. Vor dem Ergebnis schreckte ich selber zurück: Mich starrte ein männliches Gesicht an, dessen besonderes

Merkmal eine hoch emporwallende und dann weit zu den Seiten fallende Haarmähne aus Feuer war. Die Flammen schienen geradezu aus dem Kopf, aus seinem oberen Teil, herauszuwachsen. Auch die Brust von Sabbataios hatte ich mitgemalt, ferner seine Arme, diese gingen an ihrem Ende nicht in Hände über, sondern ebenfalls in Flammen. Zerreißen wollte ich das Bild nachher, aber es war nicht möglich, meine Muskeln schienen wie gelähmt zu sein. Und eine Stimme sprach zu mir: »Wer mit dem Feuer spielt, kommt in ihm um.« Doch das hörte ich nur im Traum, der Schlaf hatte mich schließlich doch noch überwältigt.

Ein Schloß. In der Ahnengalerie mit den dämonischen Engelmächten vielleicht Hyperventilation und Zungenreden, im Schloßhof, unter Linden oder Kastanien, exzessive Meditation, im Kellergewölbe psychische Überforderung durch endlos lange Gruppensitzungen. Körperliche Überforderung dadurch, daß man anstrengende Wanderungen unternimmt.

Aber wer zahlt das Ganze? Wer bringt das Geld auf, für das Schloß und auch für das Flugzeug?

Ich solle über die Finanzen nicht nachdenken. Für ein derart wichtiges Experiment wie meins bekomme man Forschungsgelder von außerhalb der Universität. Er, Kubitzki, werde persönlich die notwendigen Anträge stellen.

Das Schloß wurde von Nonnen bewirtschaftet. Ja, sie würden uns im Juli für zwei Wochen aufnehmen, sie waren auf Gäste angewiesen, brauchten Geld für den Unterhalt der Gebäude. Die Oberin gab freimütig zu, daß die Unterstützung seitens der Kirche nicht mehr so großzügig war wie früher. Sie führte mich herum, zeigte mir alles, war aber ihrerseits überhaupt nicht neugierig – als ich über unser Vorhaben nur andeutungsweise zu sprechen bereit war. Kubitzki, in seinem blauen Anzug, sog derweil an

einem Zigarillo und schaute in die Ferne, in jene Richtung, wo am Horizont der See zu erahnen war, über dem unser Flugzeug kreisen sollte. Einen Augenblick lang kam mir der Mann, seiner feuerroten Haarmähne wegen, wie Sabbataios vor.
Ob ich die acht Grundfragen der Gnosis kenne, fragte mich Kubitzki auf dem Rückweg. Nein? Dann werde es Zeit, sie sich einzuprägen: Wer waren wir? Was sind wir geworden? Wo waren wir? Wohin sind wir geworfen? Wohin eilen wir? Wovon werden wir erlöst? Was ist Geburt? Was ist Wiedergeburt? »Auf diese Fragen müssen Sie Ihren Leuten Antwort geben, Frau Rotebrück, im Rückgriff auf das Apokryphon des Johannes und andere gnostische Dokumente.«
Wir saßen in einem Eisenbahnabteil ganz für uns allein. Draußen flogen Telegrafenmasten vorbei. Vierundneunzig, fünfundneunzig.
Zählzwang.
»Hören Sie überhaupt zu?«
Ich schreckte zusammen. Ja natürlich, ich höre, reden Sie weiter.
»Der Mensch ist unter Mächte versklavt. Das ist der Ausgangspunkt der Gnosis. Damals faßte man die Mächte dämonisch-gegenständlich auf, heute könnte man sie mit psychologischen Kategorien beschreiben. Es läuft auf dasselbe hinaus: Wir sind alle unfrei.«
Sechsundneunzig, siebenundneunzig ...
»Gnosis heißt Erkenntnis. Gemeint ist aber kein rationales Wissen, sondern letzte, letztgültige Einsicht in das Wesen des Seins, in die Wahrheit der menschlichen Existenz.«
Die Landschaft mit den Telegrafenmasten war vorüber, wir befanden uns in einem Tunnel. Von der Scheibe schaute mich mein erleuchtetes Spiegelbild an. Hatte der Kampf

um meine Verwirklichung nicht schon zu tiefe Spuren in mein Gesicht gegraben? Oder war ich einfach nachlässig mit mir geworden, pflegte ich mich nicht mehr genug? Jedenfalls kam ich mir älter vor, als ich war. Und etwas düster? Gewiß, mein Typ war dunkel; südländischer Einschlag, Großvater mütterlicherseits Italiener. Aber depressiv oder melancholisch war ich nie gewesen, eher lebensfroh, lebenshungrig. Das Düstere in meinem Gesicht kam vom Leiden an der Zwangsneurose; sie zehrte mich aus, sie kostete mich unendlich viel Kraft.

»Erlösung durch Erkenntnis: Den Heilsweg der Gnosis könnten Sie auf diese Formel bringen. Erinnern Sie sich daran, daß nach dem Apokryphon des Johannes die Aufgabe Christi darin besteht, den Menschen an seinen himmlischen Ursprung zu erinnern. Tief in uns muß etwas geweckt werden: das eigentliche, göttliche Selbst. Durch einen tragischen Fall ist es in die Materie geraten, in die Fremdlingschaft; es muß sich auf seinen Ursprung besinnen, um dann wieder emporsteigen zu können. Kennen wir nicht alle dieses Existenzgefühl, Frau Rotebrück? Unser Leben ist uneigentlich, entfremdet; aber tief in uns lebt das Wissen, daß alles anders sein könnte: heilvoll, sinnvoll. Doch wie nur kann dieses Eigentliche in uns zum Durchbruch gelangen? Es muß sich seiner bewußt werden. Und dann …«

Ich erhob mich, um zur Toilette zu gehen. Etwas zu klein war ich nach meinem Geschmack, aber größer als Kubitzki immerhin. Fred hatte mir stets versichert, er liebe grazile Frauen, doch eigentlich kam er mit jedem Typ zurecht. Das sah man an Karin. Einsfünfundsiebzig war sie groß und wog achtzig Kilo; mit betrunkenem Kopf hatte er mir einmal gestanden – wir waren noch verheiratet gewesen –, welchen Spaß es mache, mit solch einer Frau im Bett zu kämpfen.

Idiotisch, auf der Zugtoilette ein Waschritual durchzuführen. Das Wasser läuft spärlich, und auch nur dann, wenn man mit dem Fuß pumpt. Außerdem kann man kaum das Gleichgewicht halten, droht beständig zu stürzen. Ausziehen muß ich mich, lediglich die Unterwäsche darf anbleiben. Aber wohin mit der hellen Bluse und der blümchengemusterten, dreiviertellangen Sommerhose? Egal, alles auf den Boden, ich muß in Kauf nehmen, daß die Sachen schmutzig werden, das Ritual hat Vorrang. Es hat immer Vorrang, auch wenn es mich kaputtmacht.
Eigentlich habe ich die Logik der Gnosis immer noch nicht begriffen. Gewiß, ich habe das Apokryphon des Johannes studiert, auch andere Texte dieser Art, bin aber aus der krausen Bilderwelt nicht ganz schlau geworden. Könnte mir Kubitzki nicht alles noch einmal einfacher sagen? Jetzt bei der Bahnfahrt wäre doch Gelegenheit dazu.

Das gnostische Seinsverständnis verobjektiviert sich in Mythen. In Mythen über die Welt und den Menschen. Man muß begreifen, daß diese Mythen nicht das Primäre sind, sondern das Sekundäre. Man darf nicht an den Bildern als solchen hängenbleiben, sondern muß die Existenzaussagen sehen, die in ihnen stecken. Folgen wir bei unserem Verstehensversuch Hans Jonas und Rudolf Bultmann: Der gnostische Mythos erzählt – in mannigfachen Varianten – das Schicksal der Seele; er berichtet von ihrem Ursprung in der himmlischen Lichtwelt, von ihrem tragischen Fall und ihrer Fremdlingschaft auf Erden, ihrer Gefangenschaft im Leibe, von ihrer Befreiung und ihrem endlichen Aufstieg in die Lichtwelt. Die Seele – das heißt genauer in der Sprache der Gnosis: das eigentliche, innere Selbst des Menschen – ist ein Teil, ein Splitter, ein Funke einer himmlischen Lichtgestalt (des Urmenschen), die in der Vorzeit in die Gewalt der dämonischen Mächte der Finsternis geriet – auf welche Weise, darin differieren die verschiedenen Formen des Mythos. Von diesen Mächten ist jene Gestalt zerrissen, zerteilt worden, und die Lichtelemente dienen den Dämonen gleichsam als die bindenden magnetischen Kräfte, deren sie bedür-

fen, um aus dem Chaos der Finsternis eine Welt zu schaffen, eine Nachahmung des Baues der Lichtwelt, zu dem sie voll Neid emporschauen. Würden ihnen diese Lichtelemente entzogen werden, so würde ihre künstliche Welt – und das heißt eben unsere Welt, der Kosmos – wieder ins Chaos zurücksinken. Sie wachen daher eifersüchtig über die errafften Lichtfunken. Sie suchen sie zu betäuben, trunken zu machen, einzuschläfern, damit sie die himmlische Heimat vergessen. Gelingt das bei den einen, so bleibt doch bei den anderen das Bewußtsein wach, hier in der Fremde, im Gefängnis zu sein; sie sind erfüllt von der Sehnsucht nach Befreiung. Die höchste Gottheit erbarmt sich der gefangenen Lichtfunken und sendet zu ihrer Erlösung eine himmlische Lichtgestalt – ihren Sohn – hinab, verkleidet in das Gewand des irdischen Leibes, damit die Dämonen ihn nicht erkennen. Er ruft die Seinen zu sich, weckt die Schlafenden, erinnert sie an ihre himmlische Heimat und belehrt sie über den Rückweg. Er überliefert ihnen vor allem die heiligen Formeln, die sie kennen müssen, um beim Aufstieg unbehindert die verschiedenen Planetensphären, die Wachtstationen der dämonischen kosmischen Mächte, zu passieren. In seinen Reden offenbart sich der himmlische Erlöser als der von Gott Gesandte: »Ich bin der Hirte«, »Ich bin die Wahrheit« und dergleichen. Nachdem er sein Werk vollbracht hat, steigt er wieder empor und bahnt so den Weg, auf dem die Seinen ihm folgen werden, wenn sich im Tode das Ich, der Lichtfunken, aus dem Gefängnis des Leibes gelöst hat. – Man findet den Mythos vielleicht nicht ganz so im Apokryphon des Johannes, aber doch in seinen wesentlichen Bestandteilen. Einen gnostischen Standardtext mit einer sozusagen verbindlichen Form des Mythos gibt es nicht.

Ich hatte die Augen geschlossen und öffnete sie auch nicht wieder, als Kubitzki schwieg. Für einen Moment war in mir der Eindruck gewesen, daß ich mich bereits beim Aufstieg befinde und alles hinter mir zurückgelassen habe. Aber nein, noch saß ich nicht im Flugzeug, sondern in einer ratternden Eisenbahn. Vorne in der Lokomotive waren Jaldabaoth und sechs seiner dämonischen Engel: Jaoth, Eloaios, Astaphaios, Jao, Adonaios, Adoni. Auf einen Abgrund fuh-

ren wir zu, und die fürchterliche Steuermannschaft tat nichts, um den Zug anzuhalten!
»Frau Rotebrück, Sie sollten allmählich aufwachen, wir laufen gleich in unserem Zielbahnhof ein.«
Ich rieb mir die Augen. Sabbataios, der siebte dämonische Engel, war in meinem Abteil! Ich hatte mich schon gefragt, warum er sich nicht mit in der Lokomotive befand.
»Weshalb starren Sie mich so an, Frau Rotebrück, ist etwas nicht in Ordnung? Warten Sie, ich helfe Ihnen beim Aufstehen, und gleich im Bahnhofsrestaurant lade ich Sie zu einem Kaffee ein.«

Für eine Frau, die innerhalb der nächsten Stunde ihren eigenen Tod in Auftrag geben würde, verhielt ich mich wahrscheinlich nicht ernst und würdevoll genug. Ich summte eine Melodie vor mich hin, diesmal aber nicht getrieben von der Zwangsneurose, und pflückte hier und dort am Wegesrand eine Pusteblume, um sie mit vollen Backen zu zerstäuben. Ich hatte mein Auto etwas zu weit vom Flughafen entfernt abgestellt, und so mußte ich zwanzig Minuten laufen, vorbei an wogenden Kornfeldern und einem Bauerngehöft. Nur zweimal hörte ich während dieser Zeit Propellergeräusche, sah einmal ein Flugzeug landen und einmal eines starten – der Regionalflugplatz dort vor mir war nicht stark frequentiert. Als ich an seinen Gebäuden stand, stieß ich einen Ruf des Entzückens aus: Verträumt und idyllisch fand ich die Anlage, der Hangar mit dem runden, weit heruntergezogenen Dach erinnerte an die Anfänge der Fliegerei, das Flughafenrestaurant im Fachwerkstil mit den Blumenkästen vor den Fenstern hätte auch in einem Dorf stehen können.
Ich erhielt die Erlaubnis, der Landung des Flugzeugs vom Rollfeld aus zuzusehen; direkt neben jenem Mann, der die

Maschine in ihre Position einwinkte, stand ich, und drohend wie ein gefährlicher Riesenvogel kam sie auf mich zu. Rechts und links von ihr zitterte die Luft, von der Hitze der beiden Triebwerke her. Anders als der Mann, der mit der Lotsenarbeit beschäftigt war, trug ich keine Ohrenklappen und mußte mich vor dem Lärm mit den Händen schützen. Als ich sie wieder sinken lassen konnte, sah mich der Lotse stolz von der Seite her an und erklärte: »Turbo-Prop, jedes Triebwerk leistet 1900 PS. Das spürt man, nicht wahr? Dieses Flugzeug ist das beste Stück, das hier landet.«
Eine kleine Gangway war herangerollt worden, die Passagiere stiegen aus, sechzehn oder siebzehn zählte ich. An Sitzplätzen bot das Flugzeug dreiundzwanzig, das wußte ich schon; aber nur einundzwanzig Leute – mit mir zusammen – sollte die Stärke meiner Gruppe sein. Zwei Plätze würden also unbesetzt bleiben. Man solle doch das Flugzeug vollmachen, also dreiundzwanzig Versuchspersonen anwerben, hatte ich Kubitzki vorgeschlagen; aber mit eigentümlicher Hartnäckigkeit hatte er darauf bestanden, die Gruppe müsse einundzwanzig Mitglieder haben. Ganz genau einundzwanzig.
Sehr unförmig kam mir das Flugzeug vor, zu dick und zu kurz, und ich fragte mich, ob es zu den Flugmanövern, auf die es mir ankam, überhaupt fähig sein würde. Was mir allerdings gefiel, war die Anbringung der Tragflächen am Dach des Flugzeugs; der Rumpf erschien dadurch wie aufgehängt, und jedes der Gruppenmitglieder würde einen ungehinderten Blick nach draußen haben.
Der Flugkapitän war mir sympathisch. Groß, schlank, freundlich, sonore Stimme. Er werde mir helfen, soweit es in seinen Möglichkeiten stehe. Angemeldet sei ich ja schon. Von einem Professor Kubinski.
»Kubitzki«, korrigierte ich.

Kubitzki, genau. Der Herr habe ihm am Telefon viel erzählt, es gehe also um eine höchst wichtige psychologische Forschungsangelegenheit. »Doch die Einzelheiten sind mir nicht verständlich geworden.«
Noch traute ich mich nicht zu sagen, was ich wirklich wollte, welchen Firlefanz ich von dem Mann erwartete. Um die Sache etwas vor mir herzuschieben, fragte ich, ob ich die Kabine besichtigen könne.
Sie war eng und niedrig. Ich konnte zwar noch aufrecht stehen, aber der Pilot mußte den Kopf einziehen. Wenn man nach hinten schaute, zählte man rechts zwölf Sitze hintereinander, links elf; der restliche Platz am Ende der linken Sitzreihe war für eine kleine Toilette reserviert.
»Eine Küche haben wir nicht«, meinte der Flugkapitän, »soweit reicht der Service nicht. Auch eine Stewardeß ist damit nicht nötig. Aber wir führen ja nur kurze Flüge durch: nach Lugano zum Beispiel, höchstens bis Elba.«
Der Mann hatte sich inzwischen gesetzt, ich stand vor ihm im Gang. Fragen zur Technik des Flugzeugs und zu seiner Leistungsfähigkeit würde ich nun gerne stellen.
Er nickte.
Ich erkundigte mich zunächst nach Reisegeschwindigkeit, zugelassener Steighöhe, Reichweite. Standardfragen, die Antworten kamen sofort. Aber dann horchte der Mann auf und mußte nachdenken. Wie eng der Radius sei, den er fliegen könne? Nun, vierhundert Meter seien machbar.
»Und jetzt mein wichtigstes Anliegen: Können Sie mit der Maschine ungewöhnliche Flugmanöver durchführen – Manöver, die in Richtung Kunstflug gehen?«
Der Pilot schaute mich verwundert an. »Diese Maschine ist für den Kunstflug nicht zugelassen«, erklärte er dann.
Ich spürte, daß ich zu schwitzen begann. Noch hatten Kubitzki und ich keineswegs ein Ja des Piloten zu unserem

verrückten Unternehmen erhalten; der Mann wußte bisher nur ungefähr, was wir wollten.

»Ich möchte zunächst lediglich wissen, ob man mit dieser Maschine ungewöhnliche Flugmanöver durchführen kann; ob ihre aerodynamischen Qualitäten dafür ausreichen.«

Hatte ich meiner Stimme genügend Festigkeit gegeben? War mein Auftreten weiterhin sicher genug?

»Grundsätzlich läßt sich mit meiner Maschine all das fliegen, was man auch mit einer kleinen hinkriegt«, meinte der Pilot nach einem Räuspern.

»Sie ist also kunstflugfähig?«

»Wenn Sie wollen, ist jedes Flugzeug ›kunstflugfähig‹, selbst ein Jumbo-Jet. Sogar einen Überschlag könnten Sie mit einem solchen Riesen machen; auch Loopingacht, Pirouette: alles ließe sich fliegen.«

»Ja, solche Manöver müssen wir durchführen, nur mit ihnen können wir Jaldabaoth täuschen und seinem Machtbereich entfliehen«, entfuhr es mir.

Der Pilot sah mich entgeistert an. Es war Zeit, ihm die volle Wahrheit zu sagen.

Wir saßen zusammen im Flughafenrestaurant. Der Flugkapitän hatte seine Jacke abgelegt, den Hemdkragen geöffnet und die Krawatte gelockert. Wenn er sprach, war in seiner vorher so angenehmen Stimme ein Flattern. Er konnte nicht fassen, was ich ihm da erzählte, und seine Antwort auf meinen Wunsch war zunächst ein glattes Nein. Zunächst. Der Mann war in seiner Jugend Kunstflieger gewesen, nur deshalb hatten wir ihn ja ausgesucht, und die Aussicht, seine Fähigkeiten unter Beweis stellen zu können, lockte ihn natürlich; so weichte, als ich auf ihn einredete, sein Nein allmählich auf. Hinzu kam der Umstand, daß sein Sohn selber eine gewisse Zeit in einer destruktiven Sekte verbracht hatte. Die Gesetzmäßigkeiten, nach denen solche Gruppen funktionieren, psychologisch analysieren? Das sollte man durchaus tun. Als Warnung für die Jugend. Aber was ich damit meine, wenn ich sage, ich wolle gewissermaßen meinen eigenen Tod in Auftrag geben. Ach so, die Simulation müsse bis zum extremsten Punkt getrieben werden, bis zur Einwilligung der gesamten Gruppe in den kollektiven Selbstmord. Der Plastiksprengstoff – natürlich harmlose Knetmasse – werde also vorgezeigt – »von Ihnen, der ›Sektenführerin‹ « –, woraufhin ein begeistertes Ja zur Sprengung des Flugzeugs erschallen werde. Und im unmittelbaren Anschluß daran die Aufklärung. »Das Verhalten der Sektenführerin schlägt plötzlich um, Sie werden von einem Moment zum anderen zur nüchternen Wissenschaftlerin. – Ist aber ein solches Experiment überhaupt durchführbar, ist es nicht zu bizarr? Hat die Psychologie für solche Art von Versuchen bereits Beispiele aufzuweisen?«

Beispiele? Die Geschichte der Sozialpsychologie kennt eine lange Reihe von Experimenten zur Manipulierung von Menschen, und die simulierten Situationen waren teilweise sehr gewagt. Man denke nur an das, was Philip Zimbardo Anfang der 70er Jahre inszeniert hat …

Palo Alto, Kalifornien, ein ruhiger Sonntagmorgen. In der Nähe der Stanford-Universität taucht plötzlich die Polizei auf, eine Reihe völlig verblüffter Studenten wird verhaftet. Vorwurf: Diebstahl und bewaffneter Raubüberfall. Den Verhafteten werden Handschellen angelegt, sie werden durchsucht und ins Polizeipräsidium verfrachtet. Dort die übliche Prozedur: Aufnahme der Personalien, Anfertigung von Fingerabdrücken, Arrestzelle. Auf Fragen der Studenten geben die Polizisten – ganz ihren Dienstvorschriften gemäß – keine Antwort. Von der Arrestzelle geht es dann, die Augen verbunden, ab ins Gefängnis.

Das Gefängnis ist ein Simulationsgefängnis. Es befindet sich in den Kellerräumen des Instituts für Psychologie der Stanford-Universität.

Entkleidung und Entlausung – den Studenten bleibt nichts erspart. Auch nicht die Anonymität von Gefangenen, dafür sorgt weite, sackähnliche Kleidung mit Erkennungsnummern auf Brust und Rücken. Unterwäsche gibt es nicht. An einem Fuß ist eine Kette mit Schloß angebracht, über die Haare eine Kappe gestülpt. Die Gefängniswärter ihrerseits tragen eine khakifarbene Uniform und sind mit Trillerpfeifen und Polizeiknüppeln ausgerüstet; auch eine reflektierende Sonnenbrille haben sie auf, so vermeiden sie den Augenkontakt mit den Gefangenen.

Philip Zimbardo, der große amerikanische Psychologe, Autor einer bekannten Einführung in die Psychologie – was hatte er sich da einfallen lassen! Seine Versuchspersonen hatte er über eine Anzeige in der lokalen Zeitung gefunden, und er bezahlte sie mit fünfzehn Dollar pro Tag. Um einen zweiwöchigen »psychologischen Versuch zum Gefängnisleben« gehe es, war die vage Ankündigung gewesen. Viel zu viele Interessenten hatten sich gemeldet, 75, ausgewählt hatte Zimbardo schließlich 24. Alles männliche College-Studenten. Ihnen wurde noch mitgeteilt, daß sie nach dem Zufallsprinzip entweder Wärter oder Gefangene sein würden, dann waren sie zunächst entlassen. Die künftigen Gefangenen hielten sich, einer Anweisung gemäß, an einem bestimmten Sonntagmorgen alle in ihren Wohnungen auf. Dort wurden sie dann verhaftet.

Am Abend des 6. Tages mußte Zimbardo das Experiment abbrechen, es war außer Kontrolle geraten. Sowohl für die Beteiligten als auch für die beobachtenden Psychologen war nicht mehr erkennbar, wo die Simulation endete und die Realität begann. Zwar war der 1. Tag noch ohne Zwischenfälle verlaufen, aber schon am 2. hatte es einen Aufstand der Gefangenen gegeben – brutal niedergeschlagen von den Wärtern. Als die Gefangenen versuchten, miteinander solidarisch zu werden, wurde dies mit subtilen psychologischen Taktiken verhindert. 36 Stunden nach Beginn des Experiments gab es die erste Entlassung: Jemand war psychisch zusammengebrochen. Die Wärter schreckten auch vor Ausschreitungen nicht zurück: Sie sperrten Gefangene in Einzelzellen, setzten Zählappelle sogar nachts an, verboten den Gang zur Toilette. Schließlich kam es bei drei weiteren Gefangenen zu schweren emotionalen Störungen: hysterisches Weinen, depressive Reak-

tionen. Die anderen ertrugen die sadistische Behandlung der Wärter in Resignation und Hilflosigkeit.
Ein Experiment, das Forschungsgeschichte geschrieben hat! Rollenzuweisungen entwickeln eine nachher nicht mehr kontrollierbare Eigendynamik. Daß Menschen sich so schnell und so gründlich in eine künstlich geschaffene Realität einleben und dort ihre Identität wechseln – das war nicht erwartet worden. Philip Zimbardo hat eine der eindrucksvollsten Demonstrationen für die Beeinflußbarkeit des Menschen durch den jeweiligen sozialen Kontext geliefert.

Endlich ein paar Tage Ferien! Eine Reise in die Schweiz, wenn auch nur für ein verlängertes Wochenende! Mein Zug fuhr bis Interlaken, das letzte Stück am Thuner See entlang. Strahlende Sonne, Segelboote, Ausflugsdampfer, im Hintergrund die Gipfel der Alpen – ich fühlte mich in eine andere Welt versetzt. Fred wartete am Bahnhof. Rote Rosen. Die hätte er sich sparen können. Einige Küsse, ja, aber nicht zu intim, schließlich sind wir geschieden. Dann eine Lautsprecherstimme: »Herr Professor Rotebrück bitte ans Telefon im Schalterraum. Herr Professor Rotebrück.«
Rotebrück. Warum trug ich immer noch seinen Namen? Typisch: der große, bedeutende Forscher, selbst auf dem Bahnhof ruft man ihn an. Wie bestellt und nicht abgeholt stand ich da, in der Hand die Rosen. Wo war der nächste Abfalleimer, um sie fortzuwerfen? Hinterher das übliche um Verzeihung bittende Lächeln: die Behörden in Bern, ein Problem, er habe um schnellstmöglichen Rückruf gebeten. Aber jetzt nicht noch einmal Küßchen. Und durch Interlaken auch nicht Hand in Hand schlendern. Aus den Augenwinkeln bemerkte ich, wie die Frauen Fred nachschauten. Früher, als ich noch in ihn verliebt gewesen war, hatte mich das eifersüchtig gemacht.
Mein Zimmer war klein und lag unter dem Dach. Aber das Chalet war insgesamt nicht groß – jenes Ferienhaus, das er

mit seiner Equipe bewohnte, in Beatenberg, oberhalb des Thuner Sees, auf halber Höhe zum Güggisgrat, wo die Ausgrabungen stattfanden. Welchen Charme haben die Schweizer Ferienhäuser, zumal wenn sie alt sind! Und direkt am Hang gelegen war unser Haus; als ich nach hinten auf die Terrasse ging, sog ich den Geruch von frisch gemähtem Heu einer Bergwiese in meine Lungen.

Erst nach mehreren tiefen Atemzügen begrüßte ich Karin. Sie saß auf der Terrasse und war mit Schreibtischarbeit beschäftigt: Eintragungen ins Grabungsjournal, Inventarisieren der Funde. Noch fetter als früher kam sie mir vor. Bekleidet war sie wie immer, nämlich mit einem langen, sackartigen Kleid; jetzt im Sommer hauchdünn, und der Achselschweiß hatte unter den Ärmeln weite Kreise gemalt. Sie sei Spitzenklasse, war Freds Meinung. Mit vierundzwanzig schon promoviert. Und noch vor dreißig werde sie die Habilitation zustande bringen. Spitzenklasse war sie wahrscheinlich auch im Bett. An mir hatte Fred ja immer so viel zu kritisieren gehabt …

»Diese Ziegelfragmente sind vom Archäologischen Dienst des Kantons Bern als römische Leisten- und Rundziegelüberreste identifiziert worden.« Karin hielt sich nicht mit persönlichen Dingen auf, sie hatte mich sofort in ein Fachgespräch verwickelt.

»Es stimmt«, nickte Fred, »wir sind oben auf dem unwegsamen und abgelegenen Güggisgrat, wo kein Mensch Besiedlung vermutet hätte, den Römern auf der Spur.«

Sommerblumen, der kleine Garten des Chalets war voller Sommerblumen. Ob ich einen Strauß für mein Zimmer pflücken durfte?

»Und jetzt halt dich fest, Angelika«, fuhr Fred fort, »wir haben dort oben eine römische Goldmünze entdeckt. Schau, hier ist sie.«

Sie zeige den Kopf des Kaisers Titus, erfuhr ich – inzwischen am Tisch sitzend, ein Glas Fruchtsaft vor mir, Karin war eine aufmerksame Gastgeberin. Münzen dieser Art seien bisher nur in Avenches gefunden worden, jener wichtigen römischen Stadt im Schweizer Mittelland. Avenches sei bekanntlich auch dies gewesen: eine Veteranensiedlung, also ein Ort, wo aus dem Dienst entlassene Soldaten wohnten; die Titusmünze sei wohl vornehmlich in ihrer Hand gewesen, sei doch Titus wegen seiner Feldherrnleistungen von Soldaten immer in besonderer Weise verehrt worden. Außerdem habe dieser Kaiser in Avenches wahrscheinlich einige Kindheitsjahre verbracht, Veteranen hätten also gerade dort allen Grund gehabt, sein Andenken zu pflegen. Wenn nun eine Titusmünze auf dem Güggisgrat gefunden worden sei, könne das wohl als Beweis dafür dienen, daß dort oben römische Soldaten gewesen seien; vielleicht Veteranen von Avenches.
Es blieb an diesem Nachmittag noch Zeit für eine kleine Wanderung. Wir nahmen in Wilderswil die Zahnradbahn bis Breitlauenen und stiegen dann über Bergwiesen zum Brienzer See hinab, vorbei an weidenden Kühen. Ich hätte – wie immer, wenn ich in den Bergen war – meiner Freude, meiner Begeisterung gern Ausdruck verliehen, aber mit Fred war keine Unterhaltung möglich; seit dem Gespräch auf der Terrasse war er völlig verändert. Ich ertappte mich dabei, daß ich ihn sanft am Arm streichelte und ihn fragte, was ihn beschäftige.
Er setzte sich ins Gras und wies mit der Hand nach schräg links. Dort drüben, der Gipfel jenseits des Tals, gut zu erkennen an seinem Turm, sei das Niederhorn, der südliche Ausgangspunkt des Güggisgrats.
Ich sagte nichts, wartete ab.
»Wenn ich es nur wüßte, wenn ich es nur wüßte«, mur-

melte er dann. Und nach einer Pause brach es aus ihm heraus: »Was wollten die Soldaten dort oben? Weshalb nahmen sie einen Marsch von zwei oder drei Tagen in Kauf, um ausgerechnet auf den Güggisgrat zu gelangen?«
Die Küsse, die wir uns unten auf dem See bei einer Kahnfahrt gaben, waren voller Leidenschaft. Aber sie taten weh, in ihnen brannte der Schmerz einer verlorenen Liebe – einer Liebe, von der wir beide wußten, daß sie nicht wieder zu entfachen war.

»Zwangssymptome haben die Tendenz, sich auszubreiten. Anfangs wird nur ein- oder zweimal die verschlossene Tür kontrolliert, schließlich alles nur irgendwie Kontrollierbare ungezählte Male; erst richtet sich die Zwangsangst nur auf das Brotmesser, später auf alle denkbaren spitzen oder scharfen Gegenstände. Das Händewaschen geschieht fünfzigmal oder öfter am Tage.«

Treppenstufen – jetzt muß ich also auch sie noch zählen. Im ganzen Chalet? Ja, im ganzen Chalet. Aber leise, damit mich die anderen nicht hören.
Mitternacht ist längst vorüber, ich mußte warten, bis alle eingeschlafen waren. Die Flurfenster des Hauses stehen offen, vom Berg her streicht ein empfindlich kühler Wind herein, ich raffe mein Nachthemd eng zusammen. Hoffentlich geht jetzt niemand zur Toilette, er würde mich für verrückt erklären.

Endlich ist das Ritual vorüber. Ich liege in meinem Bett unter der Dachschräge, knapp über mir die Balken, und sinne nach: Wer war ich? Was bin ich geworden? Wo war ich? Wohin bin ich geworfen? Wohin eile ich? Wovon werde ich erlöst? Was ist Geburt? Was ist Wiedergeburt? »Jaldabaoth, gib mich frei«, höre ich mich noch murmeln. »Nimm Fred statt meiner, er ist schuldig, er allein.« Dann sinke ich in einen tiefen, traumlosen Schlaf.

»Mit Abstand mehr vom Berner Oberland« las ich in Beatenberg an der Talstation der Luftseilbahn zum Niederhorn. Ich verstand diese Werbung erst, als ich oben war. Den Reiz des Niederhorns macht der Abstand vom Rest der Berge aus. Tief unten der Taleinschnitt mit dem Thuner See, und jenseits dann die berühmten Gipfel: Eiger, Mönch, Jungfrau – ein unvergleichliches Panorama, erst aus dem Abstand richtig zu bewundern.

»Zwangsimpulse beinhalten insbesondere: man werde sich und andere schädigen, z.B. aus einem Fenster stürzen; mit einem Messer, sobald man es in die Hand nehme, jemanden verletzen oder gar töten; Obszönes oder Blasphemisches aussprechen, also Verbotenes wollen, denken oder tun. Zwangsimpulse sind demnach bevorzugt aggressiver Art. Auch der Gesunde kann vorübergehend einen derartigen Impuls verspüren, z.B. beim Blick in die Tiefe: ich könnte mich hinabstürzen; oder: jemanden verletzen. Aber diese Vorstellung ist flüchtig und stellt für ihn keine echte Alternative dar; es überwiegt sofort der ›normale‹ Gedanke: nicht sich oder andere gefährden. Auch die Kranken geben den Zwangsimpulsen nicht nach, es kommt nicht zu der entsprechenden Handlung. Aber sie erleben sich als unfrei.«

Karin und die anderen von der Equipe marschierten vorneweg, beladen mit den Grabungsutensilien, Fred und ich gingen etwas langsamer hinterher. Wir hatten, auf meinen Wunsch hin, den schmalen Fußweg verlassen, um ganz nah am Rand des Grats zu sein. In den Abgrund hinunterschauen wollte ich. Zackige und zerklüftete Felspartien wechselten dort ab mit solchen, auf denen zwischen dem Gestein Gras und Blumen wuchsen oder auch niedrige, vom Wind zerzauste Bäume. Aber nirgendwo hätte ein normaler Wanderer den Auf- oder Abstieg wagen können. Und wer hier oben das Gleichgewicht verlor, der sauste rettungslos mehrere hundert Meter in die Tiefe.

Zwangsneurotiker geben ihren aggressiven Impulsen nicht nach? Es kommt nicht zu der entsprechenden Handlung? Doch, Fred, doch. Ein kleiner Schubs von mir, und du bist verloren. Niemand wird mir etwas nachweisen können. Ein Fehltritt mit tödlicher Folge, das geschieht oft in den Bergen. Ein Kind sei dir lästig, abtreiben solle ich es? Anstiftung zum Mord war das. Die Sühne muß dein Tod sein.
Ich war derselben Meinung wie Fred: Hier auf dem Güggisgrat, 2000 m hoch, konnten die Römer eigentlich nicht gesiedelt haben. Unten im geschützten Tal, dort ja. Wie kurz sind hier oben die Sommer, wie lang die Winter! Und das ganze Jahr über, auch jetzt im Juni, pfeift ein scharfer Wind. Außerdem ist der Boden viel zu karg, um etwas anzubauen oder Vieh weiden zu lassen. Ein wenig weiter unten, in Richtung der Ortschaft Habkern, wird es besser.
»Aber die Ziegelreste haben wir nun einmal hier gefunden, Angelika, genau auf dem Grat, nahe am Abgrund. Und ich werde dir noch mehr zeigen.«
Pfostenlöcher, die berühmten Pfostenlöcher. Ein Holzpfahl, der in den Boden gesteckt wird, verfault zwar im Laufe der Zeit und zerfällt letztendlich zu Mulm, hinterläßt aber eine Störung, eine tief dunkel gefärbte Stelle. Natürlich muß die Grabungsfläche nach dem Abtragen der Muttererde sorgfältig geputzt werden, nur dann werden mögliche Pfostenlöcher sich abzeichnen können. Die Anordnung der Pfostenlöcher ist entscheidend. Aus ihr ist ablesbar, was auf der Grabungsfläche seinerzeit gestanden hat: ein Haus, ein größeres Gebäude (vielleicht ein Tempel), ein ganzes Dorf.
Karin war zu den Pfostenlöchern mitgekommen und hatte den Grabungsplan dabei, Maßstab 1:20, auf Millimeterpapier gezeichnet. »Hier hat offenbar ein Haus gestanden – oder vielleicht eher eine langgezogene Baracke«, sagte sie

und deutete zuerst auf den Plan, dann schritt sie mit mir die Umrisse ab. »Die Pfosten waren dünn, dicke Seitenbretter hat man mit Sicherheit nicht an ihnen festnageln können; nur notdürftigen Wetterschutz bot das Gebäude.« Vielleicht zwanzig Meter vom Abgrund entfernt hatte die Baracke gestanden. Ein Wohnhaus? Schlecht vorstellbar.
In nordöstlicher Richtung, hundert Meter vom Abgrund versetzt, hatte Freds Equipe eine Serie weiterer Pfostenlöcher entdeckt, Löcher dieses Mal, die auf normale Häuser schließen ließen, zwei an der Zahl. »Warum sucht ihr nicht noch weiter nordöstlich? Dort fällt das Gelände ein wenig ab, der Grat dient auf diese Weise als Windschutz, vielleicht findet man da noch mehr Spuren von Häusern.«
Ach so, dort begann Privatbesitz. Ein Zaun stand davor, jetzt sah ich ihn. »Als wir das Gelände erkunden wollten, sind wir von einem Mann mit zwei wütenden Hunden verjagt worden«, sagte Fred.
»Deine Grabungslizenz schließt also dieses Terrain nicht ein?«
»Nein, leider nicht. Eine Lizenz für Privatbesitz zu bekommen ist außerordentlich schwierig.«
»Und wenn du dich mit den Leuten, denen das Land gehört, verständigen würdest? Wo wohnen sie überhaupt? Ich sehe kein Gebäude.«
Weiter talwärts war es wohl, hinter der Baumgruppe dort, Fred wußte es nicht genau.
Ich hatte noch keineswegs alle Pfostenlöcher gesehen. »Das größte Rätsel geben diese hier auf, sie führen sozusagen wie eine Allee auf den Abgrund zu, nicht wahr?«
Ich stimmte Fred zu. Etwa fünf Meter vor dem Rand des Grats stand ich, links von mir ein Pfostenloch, rechts eins. Einen Meter weiter dasselbe: links eins, rechts eins. Insgesamt sechs solcher Paare gab es. Zum letzten arbeitete ich

mich auf Knien vor, denn ich mußte bis auf zehn Zentimeter an den Abgrund heran.
Ich bat Fred um eine Erklärung; Pfostenlöcher wie diese letzten beiden hatte ich noch nie gesehen.
»Wenn Holzpfähle ganz besonders fest stehen sollten, verkeilte man sie mit Steinchen. Die Kränze um die beiden Pfostenlöcher sind Röhren von solchen Packsteinchen.«
Die letzten beiden Pfähle dieser seltsamen Allee waren also dafür ausgelegt gewesen, ein großes Gewicht zu tragen; die anderen nicht – nur jene eben, die zehn Zentimeter vor dem Abgrund standen.
Auch die übrigen Leute von der Grabungsequipe hatten sich inzwischen zu uns gesellt: zwei Studentinnen und ein Student – Hilfskräfte aus Freds Abteilung; ein Museumsangestellter, der bei Fred seine Doktorarbeit schrieb. Alle zeigten sich von der Kampagne begeistert. So spannend sei es noch nie gewesen; man habe bisher keinerlei Ahnung, zu welchem Gesamtbild sich die einzelnen Entdeckungen zusammenfügen würden.
Kaffeepause. Ich saß mit Fred etwas abseits, eine Thermoskanne vor uns im Gras, etwas Gebäck und Obst. Man müsse mit den Leuten sprechen, sagte ich, mit den Besitzern. Das Terrain dort hinten, in nordöstlicher Richtung, sei völlig ungenutzt, es diene weder als Viehweide noch als Anbaufläche. »Was schadet es, wenn dort gegraben wird?«
Die Neurose meldete sich plötzlich. Zählzwang. Es handelte sich um die Baumgruppe dort hinten, ich hatte festzustellen, aus wieviel Stämmen sie bestand. »Hinter der Baumgruppe wohnen die Besitzer! Hüte dich vor den Hunden!« rief mir Fred nach, aber nur noch mit halbem Ohr hörte ich hin.
77 Stämme, 78, 79 …
»Was tun Sie hier?«

Ich fuhr zusammen. Scharf und schneidend war die Stimme gewesen. Die beiden Hunde, rechts und links von dem Mann, bellten zwar nicht, aber sie fletschten die Zähne.

Mir blieb nichts anderes übrig, als die Wahrheit zu sagen. »Zwangsneurose«, kam es über meine Lippen, »ich muß die Bäume zählen.«

Das mißtrauische Gesicht des Mannes hellte sich auf. »Ich habe Verständnis für dich, Schwester«, sagte er. »Komm mit mir, wir werden für deine Heilung beten.«

Er wandte sich um und ging mir voran – aus dem Wald heraus, einem Gehöft entgegen. Schmuck und gepflegt sah es aus, an allen Fenstern hingen Blumenkästen.

Unwillkürlich begann ich zu zählen, Erdgeschoß und Obergeschoß entlanggehend: »... zweiundzwanzig, dreiundzwanzig.«

»Ja, es sind dreiundzwanzig Zimmer«, sagte der Mann vor mir; er drehte sich dabei nicht um.

Oh, ich hatte nicht leise, sondern laut gezählt.

Nun blieb der Mann stehen und sah mich an: »Wir haben zwar dreiundzwanzig Zimmer, aber zwei sind unbewohnt. Unsere Gruppe muß einundzwanzig Mitglieder haben. Ganz genau einundzwanzig.«

Erst jetzt hatte ich die Kraft, mich zu verabschieden. Der Mann versuchte nicht, mich zurückzuhalten, rief mir im Gegenteil einen freundlichen Abschiedsgruß zu. Erneut hörte ich die Anrede »Schwester«. Schon hatte ich wieder die Baumgruppe erreicht, durchquerte sie, sah vor mir den Güggisgrat, Fred, die Equipe. Ich hätte in diesem Moment nicht sagen können, ob das, was ich gerade erlebt hatte, ein Traumbild gewesen war oder Wirklichkeit.

II

»Eine erschreckende Eigenschaft mythologischen Denkens ist seine Kraft, entsprechende Erfahrungen hervorzubringen.» (Morton Smith)

Natürlich war ich an meine Versuchspersonen unter einem Vorwand gekommen. An Ferienseminar zum Thema »Religionspsychologie des gnostisch-esoterischen Christentums«. Die Nag-Hammadi-Texte besprechen: Thomasevangelium, Philippusevangelium ... Und eben auch das Apokryphon des Johannes. Außerdem Urlaub in einer schönen Gegend, die Nachmittage sind frei. »Auf eine solche Ankündigung werden die Leute fliegen, Frau Rotebrück. Wir werden uns vor Anmeldungen nicht retten können. Aber achten Sie darauf, nur zwanzig Einschreibungen vorzunehmen. Damit die Gruppe mit Ihnen zusammen genau einundzwanzig Personen stark ist.«
Man müsse sich gezielt an jene Kreise wenden – durch Anzeigen in entsprechenden Zeitschriften –, aus denen die Teilnehmer an den Seminaren der kirchlichen Akademien kommen, war Kubitzkis Meinung gewesen. »Diese Leute sind ideal für unser Vorhaben: religiös interessiert, aber nicht dogmatisch festgelegt; ständig auf der Suche nach intellektuellen und spirituellen Anregungen; gehobene Mittelschicht, beruflich arriviert, aber theologisch und psychologisch nur halb gebildet – und deshalb leicht verführbar. Noch meinen sie, in dem Ferienseminar unverbindlich zu diskutieren, da wird bereits das Netz zusammengezogen, aus ihnen wird eine Sekte gemacht.«

Ob man die Leute bezahlen müsse, fragte ich; so wie es Philip Zimbardo getan habe.
Nein, natürlich nicht, das würde unser Seminar entwerten; wir müßten im Gegenteil eine Teilnahmegebühr verlangen. Doch dafür galt es auch etwas zu bieten! Ich nahm, um mich vorzubereiten, an Veranstaltungen der Abteilung für Theologie teil, arbeitete mich in die frühe Kirchengeschichte ein. Aber keineswegs lastete die Verantwortung für das Gelingen des Seminars nur auf mir. Kubitzki würde hin und wieder erscheinen, um Vorträge zu halten.
Die ergraute, pensionierte Lehrerin. Sie war die erste, die eintraf. Hedwig. Nur der Vorname, das genügt, ich heiße Angelika. Eine Tasse Kaffee? Die Nonnen haben das Schloßrestaurant an der richtigen Stelle eingerichtet, nicht wahr? Durch den südlichen Turm treten, Platz nehmen außerhalb der Befestigungsmauer auf einer Terrasse, herrlicher Blick auf die Weinberge. Über unseren Köpfen Efeuranken, festgehalten von einem Drahtgitter.
Helmut, Gerda, Friedrich, Wolfgang. Vier auf einmal. Bitte setzen, an unserem Tisch sind noch genügend Stühle frei. Friedrich arbeitet im Katasteramt. So sieht er auch aus. Und Sie, Angelika? Welche Funktion haben Sie hier? Aha, die Leiterin. Doktorandin bei dem berühmten Kubitzki. Wie schön wäre es, wenn der die ganze Zeit anwesend sein könnte, höre ich die Leute denken.
»Haben wir nicht einen wunderbaren Sommer?« Wenn keiner am Tisch mehr etwas sagt, bleibt immerhin die Unterhaltung über das Wetter.
Schwimmen müßte man hier können.
Kann man. In der nächsten Ortschaft, nur eine Viertelstunde Abstieg.
Gregor, Peter, Beatrice … Ich vermag mir die Namen nicht mehr zu merken. Aber Franziska fällt mir auf. Mit ihren

ebenmäßigen Zügen und den streng nach hinten gekämmten schwarzen Haaren, die im Nacken zu einem Knoten gebunden sind, könnte sie eine russische Gräfin sein, Gutsbesitzerin …
Sie ist Ärztin.
Endlich sind wir vollzählig. Alle zwanzig waren bereits bei der Anmeldung, sind registriert, haben ihre Zimmer zugewiesen bekommen. Und nun?
Warten auf Kubitzki, auf den Einführungsvortrag.
»Die Oden Salomos in ihrer Bedeutung für den heutigen Menschen.« Er hat im letzten Augenblick sein Thema geändert. Nicht mit den Nag-Hammadi-Texten will er beginnen, sondern mit den Oden. Auch gut.

Aus dem 2. Jahrhundert ist uns eine fast komplette Sammlung von christlich-gnostischen Gesängen einzigartiger Schönheit und Tiefe überliefert: die Oden Salomos. Entdeckt wurden sie 1909 von J.R. Harris in einem syrischen Manuskript; noch im selben Jahr veröffentlichte er seinen Fund. Die Sammlung umfaßt 42 Oden; Ode 2 fehlt. Noch keine Einigung besteht darüber, in welcher Sprache die Oden Salomos ursprünglich abgefaßt wurden. Vieles spricht dafür, daß Syrisch die Ursprungssprache ist (nicht Griechisch). Einer der Versuche, das Problem zu lösen, stammt von L. Abramowski und geht von der Überlegung aus, daß man …

Nicht soviel Theorie, Herr Professor! Lassen Sie die Texte selber sprechen, lesen Sie sie vor!
Wir saßen in einem Raum, der für uns viel zu groß war. Als Festsaal hatte er offenbar einst gedient: glänzendes Parkett, große Bilder mit Jagdszenen und riesige Spiegel an den Wänden. Die einzige Möblierung waren unsere Stühle, aufgestellt im Halbkreis. An dessen offener Stelle befand sich Kubitzkis Rednerpult.
Ich ließ meine Augen in die Runde schweifen: Alle hörten aufmerksam zu – obwohl sich Kubitzki weiter in reiner

Theorie erging. Einige schrieben mit. Hedwig strickte zwar, war aber trotzdem ganz bei der Sache.
Endlich die Texte selber! Kubitzki las sie nicht nur vor – die wichtigsten von ihnen –, sondern hatte sie auch für jede Teilnehmerin und jeden Teilnehmer fotokopiert dabei. Mit den kurzen Einführungen von W. Bauer.

ODE 1

Der Herr ist mein Kranz

(Auf dem Haupt des Erwählten ruht Gott als der Kranz der Wahrheit, dessen unverwelkliche Zweige die vollkommenen Früchte des Heils hervorsprossen lassen.)

Der Herr ist auf meinem Haupte wie ein Kranz,
und ich werde mich nicht von ihm trennen.
Man hat mir den Kranz der Wahrheit geflochten,
und er hat deine Zweige aufsprossen lassen in mir.
Denn er gleicht nicht einem Kranze, der vertrocknet ist,
so daß er niemals aufsproßt;
sondern du bist lebendig auf meinem Haupte
und bist aufgesproßt auf mir.
Deine Früchte sind voll und sind vollkommen,
indem sie voll sind von deinem Heil.

ODE 3

Des Geliebten Vermählung
mit dem liebenden Herrn

(Von der Liebe des Herrn getroffen, brennt der Erwählte seinerseits für ihn und gehört ihm ganz in innigster Vereinigung zu unsterblichem Leben. Vom Sohn geliebt, wird er selbst zum Sohn.)

Und meine Glieder sind bei ihm,
und an ihnen hange ich, und er glüht für mich.
Denn nicht verstünde ich den Herrn zu lieben,
wenn er mich nicht liebte.
Wer ist's, der die Liebe zu begreifen vermag,
außer dem, der geliebt wird?

Ich glühe für den Geliebten, und es liebt ihn meine Seele,
und wo sein Ruhelager ist, bin auch ich.
Und ich werde kein Fremdling sein,
weil es keine Mißgunst gibt bei dem Herrn, dem höchsten und liebevollen.
Ich bin vermählt, weil der Liebende den Geliebten fand,
weil ich ihn, den Sohn, lieben sollte,
daß ich selbst Sohn sein möchte.
Denn wer mit dem verbunden ist, der unsterblich ist,
wird auch unsterblich sein.
Und wer am Leben Wohlgefallen hat, wird lebendig sein.

ODE 15

Der Herr, die Sonne, erweckt zu vollkommenem Leben

(Die belebenden Strahlen der himmlischen Sonne haben den Erwählten aufstehen lassen, seine Augen und Ohren geöffnet und sein Denken geweckt. So vermochte er den Weg des Irrtums zu verlassen und den Herrn zu finden, der ihn zur Unvergänglichkeit erlöst hat. Tod und Hölle sind für ihn abgetan, und unsterbliches Leben ist ihm erwachsen im Lande des Herrn.)

Wie die Sonne eine Freude ist für die,
die nach ihrem Tag verlangen,
so ist meine Freude der Herr.
Ich habe angezogen die Unvergänglichkeit durch seinen Namen,
und ich habe abgelegt die Vergänglichkeit durch seine Güte.
Der Tod ist vergangen vor meinem Antlitz,
und die Unterwelt hat aufgehört durch mein Wort.
Und es ist erwachsen im Lande des Herrn Leben ohne Tod
und ist bekannt geworden seinen Gläubigen
und ist gegeben worden ohne Abzug allen denen, die auf ihn bauen.
Hallelujah!

ODE 17

Der erlöste Erlöser

(Von Gott gekrönt durch seine unvergängliche Erlösung, gerechtfertigt, von allem irdischen Wesen entbunden und jeglicher Fesseln

ledig, ist der Redende eine neue Person geworden, so daß, wer immer ihn sieht, ihn als einen Fremden anstaunt. Der Höchste, der alle Vollkommenheit und Erkenntnis besitzt, hat auch ihn auf die Höhe der Wahrheit und Gnosis geführt. So ist er fähig geworden, im göttlichen Auftrag das Erlösungswerk zu verrichten.)

Ich bin aber bekränzt worden durch meinen Gott,
und mein Kranz ist lebendig.
Und ich bin gerechtfertigt worden durch meinen Herrn,
meine Erlösung aber ist unvergänglich.
Ich bin befreit worden von den Eitelkeiten
und bin nicht verurteilt.
Meine Fesseln sind durch ihn zerrissen worden,
Antlitz und Gestalt einer neuen Person habe ich empfangen
und wandelte in ihr und wurde erlöst.
Und das Denken der Wahrheit leitete mich,
und ich ging ihm nach und ging nicht irre.
Und alle, die mich sahen, erstaunten,
und wie ein Fremder kam ich ihnen vor.
Und ich ging hin zu allen den Meinen, die eingeschlossen waren,
sie zu befreien,
daß ich keinen ließe gebunden.
Und ich gab meine Erkenntnis ohne Mißgunst
und meine Fürbitte voller Liebe.
Und ich säte in die Herzen meine Früchte
und verwandelte sie durch mich.
Und sie empfingen meinen Segen und wurden lebendig,
und sie versammelten sich bei mir und wurden erlöst.

ODE 28

Die Welt vermag nichts gegen den,
der seit Ewigkeit dem Höchsten gehört

(Die Taubenmutter schirmt ihre Jungen mit den Flügeln, und in inniger Vertrautheit kehren die Jungen ihr die Schnäbel zu. So wendet auch der Gläubige sein Haupt dem zu, an den er glaubt, und dieser wieder umfängt ihn mit seiner segensvollen Gegenwart. Solche unlösbare Verbindung führt dazu, daß der Erlöser und der

Erlöste zusammenfließen, das Schicksal des einen zum Schicksal des anderen wird.)

Wie die Flügel der Tauben über ihren Jungen sind
und die Schnäbel ihrer Jungen ihren Schnäbeln zugekehrt,
so sind auch die Flügel des Geistes über meinem Herzen.
Fröhlich ist mein Herz und hüpft
wie das Ungeborene, das hüpft im Leibe seiner Mutter.
Ich kam zum Glauben, dadurch fand ich auch die Ruhe;
denn des Glaubens wert ist der, an den ich zum Glauben kam.
Segensvoll segnete er mich,
und mein Haupt ist zu ihm gekehrt.
Denn ich wurde bereitet, bevor die Vernichtung war,
und wurde gelegt an den Busen der Unvergänglichkeit.
Und es umfing mich das Leben ohne Tod
und küßte mich.

ODE 34

Die wahre Welt und die Welt des Scheins

(Die untere Welt ist nur in der Einbildung dessen vorhanden, der keine Erkenntnis besitzt. Ein solcher gelangt nicht in die Tiefe des erleuchteten Denkens, in der alle Plage und Zwiespältigkeit schöner Einheitlichkeit weicht. Wer aber die göttliche Offenbarung im Glauben erfaßt und sich dadurch erlösen läßt, der ist in der wahren, oberen Welt heimisch geworden.)

Es gibt keinen harten Weg da, wo ein einfältiges Herz ist,
auch keine Plage bei aufrichtigen Gedanken.
Auch keinen Sturm in der Tiefe erleuchteten Denkens.
Da, wo ringsum schönes Land,
ist nichts Zwiespältiges drinnen.
Urbild dessen, was drunten ist,
ist das, was droben.
Denn alles ist droben,
und drunten ist nichts, sondern es erscheint nur so denen,
in denen keine Erkenntnis ist.

ODE 36

Die Wiedergeburt durch den Geist vor dem Höchsten im Himmel (Vom Geiste emporgetragen, steht der Verzückte lobsingend vor der Herrlichkeit des Herrn. Hier gebiert ihn der Geist als Mutter dem Herrn als Vater zu neuem, himmlischem Leben. Der bisher Mensch war, wird dadurch Sohn Gottes, ein Leuchtender, Gepriesener, ein Großer unter Großen, ja der Größe des Höchsten gleich.)

Ich legte mich nieder auf dem Geiste des Herrn,
und er hob mich zur Höhe.
Und er stellte mich auf meine Füße in der Höhe des Herrn
vor seine Vollkommenheit und Herrlichkeit,
während ich ihn pries mit der Zurüstung seiner Lieder.
Er gebar mich vor dem Angesicht des Herrn,
und während ich ein Mensch war,
wurde ich genannt der Leuchtende, der Sohn Gottes,
indem ich gepriesen war unter den Gepriesenen
und groß war unter den Großen.
Denn wie die Größe des Höchsten ist, so hat er mich gemacht,
und wie seine Erneuerung ist, hat er mich erneuert.
Und er salbte mich mit seiner Vollkommenheit,
und ich wurde einer der ihm Nahestehenden.

Diskussion. Gregor meldete sich. Er sei zwar nicht vom Fach, sagte er, er sei Rechtsanwalt, aber soviel sehe er wohl, daß in den Oden Salomos ein Christentum angeboten werde, das überspannt und enthusiastisch sei. »Die Fülle des Heils wird in der Gegenwart erlebt, wodurch der Glaubende gleichsam zu schweben anfängt. Christliche Existenz findet etwa einen Meter über dem Erdboden statt, das Christentum der Oden Salomos ist von einer leichten Trance gekennzeichnet.«
»Ist das schlimm?« Hedwig hatte ihr Strickzeug sinken lassen und sah Gregor kopfschüttelnd an. »Brauchen wir nicht gerade dies: einen Glauben, der uns Flügel verleiht,

der uns aufbrechen läßt in Räume, zu denen wir sonst keinen Zugang haben?«
Kubitzki schaltete sich ein, wandte sich an Gregor: »Der theologische Ausgangspunkt der Oden lautet: Wenn in Christus das Heil erschienen ist, muß es eine im Hier und Jetzt erfahrbare Realität sein und den Menschen umwandeln, vergöttlichen. Hinter den Oden steht eine glühende religiöse Erfahrung, die sollten Sie respektieren. Im Neuen Testament selber finden Sie übrigens eine ähnliche sieghafte Stimmung – wenn Sie das Johannesevangelium lesen.«
Gregor gab sich noch nicht geschlagen. Der Irrtum der Oden sei, daß alles am Erleben des Erlösers und der Erlösung in der eigenen Seele hänge, meinte er; es gehe lediglich um den inneren Christus.
»Genau nach diesem inneren Christus bin ich auf der Suche«, seufzte neben mir Franziska.

Abendessen, zuvorkommende Bewirtung durch die Nonnen, Nudelsalat zu den Aufschnittplatten, Früchtetee, Apfelmost. Hinterher eine Stunde Freizeit, Gelegenheit für einen kleinen Gang durch die Weinberge.
Dann traf auch schon der Sänger ein. Kubitzki hatte ihn umbestellt auf heute, denn die praktischen Übungen zu den Oden sollten am selben Tag stattfinden wie Vortrag und Diskussion. Ich mochte diesen Musiker nicht, er war mir zu weich, zu gefühlvoll. »Das ist ideal für unser Vorhaben«, hatte Kubitzki dagegengehalten. Der Mann war mit dem Auftrag betraut worden, die Oden zu vertonen. Leicht eingängige, liturgische Melodien hatten wir gewünscht. Und Streichmusik dazu, kein Klavier.
Der Schloßhof, Kastanienbäume, runde Tischchen mit Öllampen darauf, Wein aus der Region. Die Nonnen hatten

alles vorbereitet. Kubitzki war fort, die Leitung lag jetzt ganz in meinen Händen. Aber ich brauchte nichts zu tun, der Musiker hatte keine Anweisungen nötig. Er bat uns, die Texte auf den Blättern zu verfolgen, und summte sie uns zunächst vor. Dann spielte er sie mit der Geige, und schon sangen die ersten leise mit.

Der Herr ist auf meinem Haupte wie ein Kranz,
und ich werde mich nicht von ihm trennen ...

Ich glühe für den Geliebten, und es liebt ihn meine Seele,
und wo sein Ruhelager ist, bin auch ich ...

Ich habe angezogen die Unvergänglichkeit durch seinen Namen,
und ich habe abgelegt die Vergänglichkeit durch seine Güte.
Der Tod ist vergangen vor meinem Antlitz,
und die Unterwelt hat aufgehört durch mein Wort.
Und es ist erwachsen im Lande des Herrn Leben ohne Tod
und ist bekannt geworden seinen Gläubigen
und ist gegeben worden ohne Abzug allen denen, die auf ihn bauen.
Hallelujah!

Ich schaute in den Abendhimmel, der Mond war bereits zu sehen. Worte Kubitzkis, die er mir vorhin beim Aufbruch gesagt hatte, waren in meinen Ohren, aber eigentümlich weit entfernt, schwächer noch als unser leiser Gesang: »Die Oden sind als Einstimmung das Beste, Frau Rotebrück; sie machen die Leute weich, aufnahmebereit. Wenn wir später mit der Mythologie kommen, finden wir sozusagen einen vorbereiteten Boden vor.«

Ich bin aber bekränzt worden durch meinen Gott,
und mein Kranz ist lebendig.
Und ich bin gerechtfertigt worden durch meinen Herrn,
meine Erlösung aber ist unvergänglich.
Ich bin befreit worden von den Eitelkeiten
und bin nicht verurteilt.

Meine Fesseln sind durch ihn zerrissen worden,
Antlitz und Gestalt einer neuen Person habe ich empfangen
und wandelte in ihr und wurde erlöst.
Und das Denken der Wahrheit leitete mich,
und ich ging ihm nach und ging nicht irre.
Und alle, die mich sahen, erstaunten,
und wie ein Fremder kam ich ihnen vor.

Ein Schluchzen; jemand stand auf und verließ unseren Kreis. Franziska. Hedwig ging ihr nach, ich sah, wie sie der Ärztin den Arm um die Schultern legte.

Konnten wir diesen letzten Text, den aus der Ode 17, noch einmal singen? Ich traute mich nicht, den Vorschlag zu machen, brauchte es aber auch gar nicht, jemand anderes tat es: Wolfgang. »Alleinerziehender Vater«, hatte er sich vorgestellt, ansonsten nichts von sich verraten. Beim Abendessen war er mir als Alleinunterhalter seines Tisches aufgefallen, keiner hatte dort soviel geredet wie er. Doch jetzt war er in sich gekehrt, hatte die Ellbogen auf die Knie gestützt und das Gesicht in den Händen vergraben.

Zwangsgedanken! Ich mußte gegen die Vorstellung ankämpfen, daß ich aufstehen und Wolfgang ein Messer in den Rücken stoßen könnte. Diesem lieben Kerl! Ein bübchenhaftes, schelmisches Gesicht hatte er, bestimmt nahm er sich viel Zeit für seine Kinder. Nein, ich bin wahrlich nicht bekränzt, bin nicht gerechtfertigt, bin nicht von meinen Fesseln befreit, bin keine neue Person, bin nicht von der Wahrheit geleitet.

Gerade deshalb, weil ich das alles nicht bin, will ich das Lied noch einmal singen; und jetzt traue ich mich auch, diesen Wunsch zu äußern.

Vor dem Schlafengehen habe ich noch ein Gespräch mit Beatrice. Sie gesteht mir mit Tränen in den Augen, aufs tiefste bewegt zu sein. Ihr spirituelles Leben sei verkrustet,

sie habe seit Jahren Durst nach Gott und nach Leben. Und heute abend endlich habe sie einen Quell entdeckt …
Abbrechen! hämmert es mir im Kopf, als ich in meinem Bett liege. Das Experiment abbrechen! Man darf nicht mit den Gefühlen der Leute spielen. Franziska, Wolfgang, Beatrice und all die anderen sind viel zu wertvoll, als daß man an ihnen unseren teuflischen Plan vollstrecken könnte.
Ich greife in den Schrank, wo meine Kleidung ist. Ein Trainingsanzug soll jetzt genügen. Eine Stunde Autofahrt, und ich bin bei Kubitzki. Auch wenn ich ihn um ein Uhr in der Nacht störe – meine Entscheidung muß ich ihm sofort mitteilen. Der Parkplatz ist glücklicherweise außerhalb des Schlosses, ich kann mich unbemerkt zu ihm hinschleichen. Und dann fressen sich die Autoscheinwerfer durch die Dunkelheit. Zunächst die schmale, geschlängelte Straße die Weinberge hinunter, dann Landstraße, schließlich Autobahn. Ich komme zügig voran.
Gewiß, es ist schön, Kubitzkis Haus. Aber klein. Leichtbauweise, Holz, am Stadtrand gelegen, Nähe zum Park. Allein wohnt er dort. Ich habe nie gewagt, ihn nach Frau und Familie zu fragen.
Weshalb brennt in dem Haus noch Licht? Meine Schritte, den Kiesweg entlang durch den Vorgarten, werden langsamer. Und dann drücke ich mich seitlich in die Büsche, denn der Professor tritt aus dem Haus – korrekt gekleidet auch jetzt in der Nacht, blauer Anzug.
Neben ihm ist eine Frau.
Um eine ältere, vornehm angezogene Dame handelt es sich. Das Jäckchen wurde wohl in Italien geschneidert. Teurer Schmuck: Perlenkette, Brillantring, goldene Brosche – das sehe ich im Licht der Gartenleuchte, als sie an mir vorbeigeht. Kubitzki begleitet sie bis zum Tor, verabschiedet sie

höflich mit einer Verbeugung. »Sie können sich auf mich verlassen, Frau Doktor«, höre ich ihn sprechen, »die Sache wird zu Ihrer vollen Zufriedenheit erledigt werden. Und nochmals vielen Dank für das hier!« Er schwenkt ein Blatt Papier in Postkartengröße.

Als die Frau weg ist, zündet er sich einen Zigarillo an. Weite Kreise, die sich nur langsam auflösen, pafft er in den Nachthimmel. Er geht den Kiesweg auf und ab, murmelt etwas, aber so leise, daß ich es nicht verstehe. Erst nach einer halben Stunde kehrt er ins Haus zurück. Alsbald taucht er auf dem Balkon auf, um dort seine Wanderung fortzusetzen. Er hält etwas in der Hand, betrachtet es hin und wieder. Das Papier von vorhin?

Da geschieht es. Das Papier, für einen Moment auf die Brüstung gelegt, flattert vom Wind davon, zu meinen Büschen hin, mir genau vor die Füße. Ich bücke mich, kann bei dem milchigen Licht, das von der Seite her durch die Zweige fällt, gerade eben erkennen, daß es sich um einen Scheck handelt. Und kann auch noch die Summe entziffern: 44.500 Mark.

Ich renne davon, Kubitzki kann jeden Moment auftauchen. Zweihundert Meter von seinem Haus entfernt fängt das Überlegen an: Soll ich zu ihm gehen, um ihm den Abbruch des Experiments zu verkünden, soll ich nicht?

»Ich bin befreit worden von den Eitelkeiten.« Habe ich das vor einigen Stunden gesungen? Gehört diese Zeile nicht zu Ode 17? Gelogen habe ich. »Frau Doktor« – so möchte auch ich angeredet werden. Nicht mehr die kleine Bankangestellte sein. Aber ist er nicht legitim, dieser Wunsch, von unten nach oben zu gelangen?

Auf der Rückfahrt geht meine Selbstrechtfertigung weiter: Die Täuschung der Versuchspersonen geschieht für einen guten Zweck, für ein Experiment, das die Mechanismen aufdeckt, nach denen sich autoritäre Sekten bilden. Ich brauche keine moralischen Bedenken zu haben ...

Sie verstehe diese Gesichter als Symbole für das, was uns Angst macht, meinte Hedwig.
Die anderen nickten.
Wir saßen in der Ahnengalerie mit den Bildern von den sieben dämonischen Engelmächten.
»Sucht euch für jedes Angsterregende in eurem Leben jeweils einen dämonischen Engel aus, personifiziert es durch ihn«, sagte ich. »Wer findet zum Beispiel etwas, was ihn bedroht, in Astaphaios wieder, dem Hyänengesicht? Wer etwas in Jao, dem Schlangengesicht mit sieben Köpfen?«
Die Ahnengalerie war für mein Vorhaben der richtige Ort: dunkel, unheimlich; Fenster wie Kirchenfenster, aber die Glasmalerei in düsteren Farben.
Jaoth, das Löwengesicht! Carola, 45, Beamtin im höheren Verwaltungsdienst, war mit einem brutalen Mann verheiratet, einem Trinker. Vergewaltigungen in der Ehe standen auf der Tagesordnung. »Genauso wie diese Fratze dort ist er!« brach es aus ihr heraus.
Weglaufen. Es hielt sie nicht mehr auf ihrem Stuhl.
Weglaufen? Die Wochenenden aus Angst vor dem Ehemann ständig bei der Mutter verbringen?
»Festhalten!« befahl ich. »Die Angst muß durcherlebt werden. Nur so wachsen uns Möglichkeiten ihrer Bewältigung zu.«
Zwei Männer stürzten sich auf Carola, drückten sie auf den Stuhl zurück. Einen dritten wies ich an, Jaoths Bild von der Wand zu nehmen, vor sein Gesicht zu halten und sich der Frau langsam zu nähern.
Dieser dritte Mann war Peter. Ausgewählt hatte ich ihn,

weil er am ehesten von allen anderen als Macho durchgehen konnte: im Sportstudio gestählter Körper, weit offener Hemdkragen, Goldkettchen am Hals …
Die Sache bereitete ihm Spaß. »Zieh dich aus!« schrie er Carola hinter seiner Maske an. »Mach die Beine breit!«
Ich griff nicht ein.
Er faßte sie an, zerrte an ihrer Bluse.
Da endlich ihre Reaktion: ein Tritt in den Bauch.
Er verzog sich verblüfft, sie sank in sich zusammen und wimmerte.
Beatrice kam heran, Tränen in den Augen, drückte Carola an sich und sagte: »Denk an das Thema der Ode 28: ›Die Welt vermag nichts gegen den, der seit Ewigkeit dem Höchsten gehört.‹«
Weitere dramatische Erlebnisse: Franziska und Eloaios, das Eselsgesicht; Helmut und Adonaios, das Drachengesicht; ich und – Sabbataios, das leuchtende Flammengesicht.
Als der Vormittag vorüber ist, sind wir alle erschöpft. Aber eine Gruppe geworden. Selbst Peter, unser Macho, und Gregor, dieser wachsame, kritische Geist, haben ihren Platz gefunden. Bei Gregor ist ein massives sexuelles Problem zum Vorschein gekommen: strenge christliche Erziehung, Unterdrückung aller Lustgefühle, Dauergast bei Prostituierten, große Gewissensnöte, Angst vor göttlicher Bestrafung. Peter besitzt neben seinem Männlichkeitsgebaren durchaus eine sympathische Seite: Er ist ausgesprochen einfühlsam, hat mich nach meiner Begegnung mit Sabbataios tröstend in die Arme genommen. Und Carola versichert, daß vorhin alles natürlich nur Spiel gewesen sei.

Was gaben sich die Nonnen für Mühe! Das Mittagessen, mehrere Gänge, hätte man so auch in einem vornehmen Restaurant serviert bekommen. Ich suchte hinterher die

Oberin auf, um ihr ein persönliches Wort des Dankes zu sagen.
Sie winkte ab und lächelte verschmitzt: »Bei dem Geld, das Sie zahlen, müssen wir natürlich Leistungen erbringen.«
»Wieviel zahlen wir denn?«
»Wissen Sie das nicht? 21.168 Mark. Vollpension für 21 Personen, 14 Tage.«
Oh ja, das war nicht wenig. Aber um die Finanzen brauchte ich mir ja keine Sorgen zu machen, Kubitzki regelte alles.
Von den Teilnehmern selber habe sie genau die Hälfte der Summe eingezogen, sagte die Oberin noch; die andere Hälfte gehe zu Lasten von uns, den Veranstaltern.

Besichtigung des Flugplatzes und unseres Flugzeugs. Daß wir uns im Rahmen unseres Seminars in die Luft begeben werden, ist für die Teilnehmer neu. Am Morgen Aufbruch zu einem geheimnisvoll-unbekannten Ziel; und nun sitzen wir auf einer Wiese, hundert Meter von der Startbahn entfernt, und ich sehe zwanzig verständnislose, fragende Augenpaare vor mir.
Kubitzki beginnt seinen Vortrag, weist zunächst auf unsere Maschine, die hinten schon bereitsteht, und sagt dann, daß die Seele des Menschen nach und nach auch moderne technische Geräte in den Rang von Archetypen erhebe. So zum Beispiel das Flugzeug. »Überall in der Religionsgeschichte begegnen Sie der Vorstellung des Schwebens, des Fliegens. Die Seele will aufsteigen, will die Erdschwere verlassen. Träume moderner Menschen zeigen nun, daß sich diese uralte Sehnsucht inzwischen auf das Flugzeug richtet; Psychoanalytiker begegnen ihm immer häufiger als Traumsymbol. Nehmen Sie ein anderes Beispiel: das Schiff. Da es sehr viel älter als das Flugzeug ist, hat es die

Seele in das Repertoire ihrer Bilder schon sehr viel früher aufnehmen können. Aber das Flugzeug zieht nach – wenn ich es einmal so salopp formulieren darf.«

Kubitzki legte eine Pause ein, faltete ein Taschentuch auseinander, tupfte sich den Schweiß von der Stirn. Er war der einzige, der stand. Und der einzige, der nicht sommerlich gekleidet war.

Man möge also, wenn man das Flugzeug besteige, für ein symbolisches Erleben offen sein, fuhr er fort. Absicht unserer Übungen sei es, den gnostischen Aufstieg symbolisch nachzuvollziehen – um dadurch das Weltbild des Gnosis besser zu verstehen.

Die Gnosis übernahm im Prinzip das Weltbild der griechischen Philosophie: der Kosmos ist eine Kugel. Jedoch wurde eine Umwertung durchgeführt; während für die Philosophie die Kugelgestalt Vollkommenheit anzeigte und die sich auf Kreisbahnen bewegenden Gestirne für die Verläßlichkeit und Harmonie des Weltgebäudes einstanden, in dem der Mensch – als Mikrokosmos – seinen göttlich zugewiesenen Platz hatte, wird für die Gnosis der Kosmos zu einer feindlichen Macht. Fern davon, bergende Heimat zu sein, gehorcht er Gesetzen, die auf Verderben und Vernichtung zielen. Seine Ordnung erscheint dadurch stringierend, sie schnürt den Menschen von seinem wahren Leben ab. Das Firmament gilt nun als Mauer, die den Zugang zur jenseitigen Lichtwelt – zur Heimat der Seele – absperrt; die Sterne sind Wächter, welche die Menschen in einer kosmischen Hohlkugel gefangenhalten. Auf dem Weg nach oben, in die jenseitige Lichtwelt, muß unsere Seele – unser eigentliches Selbst – also verschiedene Sphären durchqueren, die unsere Welt umgeben und beherrschen. In der Gnosis ist die Gesamtwirklichkeit folglich aufgespalten in eine dämonische Welt, die uns in Unfreiheit hält – unsere vorfindliche Welt –, und in einen jenseitigen Raum des Heils.

Wir hätten uns nicht in die pralle Sonne setzen sollen, vor meine Augen trat ein Flimmern. Als wir auf das Flugzeug

zugingen, wo uns der Pilot bereits erwartete, schaukelte ich ein wenig. Jemand bemerkte es, Gerda, die Oberstudiendirektorin, sie bot mir ihren Arm, damit ich mich einhängen konnte. Wie sie mich beneide, einen solchen Lehrer wie Kubitzki zu haben, sagte sie; in ihrem eigenen Studium, vor vielen Jahren, habe sie nur trockenen Stoff von langweiligen Leuten lernen müssen. Die wenigen Sätze Kubitzkis zum Flugzeug als Archetyp hätten ausgereicht, ihr den anfänglichen Widerwillen zu nehmen und sie auf unsere Flüge neugierig zu machen. Dabei sei sie doch so technikfeindlich, nicht einmal ein Auto besitze sie.
Während die anderen um das Flugzeug gingen und es erklärt bekamen, ruhte ich mich in der Kabine aus. Ich brauchte die Kühle dort, wahrscheinlich hatte ich einen Hitzschlag erlitten wie vor einigen Jahren am Meer. Das Augenflimmern war noch stärker geworden, Schwindelgefühle, Schweißausbruch ... Mein Denken vollzog sich ruckartig und unkontrolliert. Kindergebete mit der Mutter, Psalmverse. »Es überkommt mich Fürchten und Zagen, / und Schauer erfaßt mich. / Ich sage: Hätte ich doch die Flügel der Taube, / ich flöge auf und käme zur Ruh. / Ja, entfliehen wollte ich, weit von hier.« Diese Sätze aus Psalm 55 hatten mich als kleines Mädchen sehr beschäftigt. Warum fielen sie mir plötzlich wieder ein? Auch nach der Abtreibung hatte ich sie oft gesprochen. Die Abtreibung, der Klinikaufenthalt, die Trauer um das verlorengegangene Baby. Ich hatte Kubitzki das alles erzählt – an den Winterabenden am Kamin in seinem Haus. Aufmerksam hatte er zugehört und oft nachgefragt. Wie meine psychische Reaktion auf dieses Ereignis gewesen sei? Vogelträume hatte ich gehabt, immer wieder Vogelträume. Eine Taube war ich gewesen oder auch ein anderer Vogel und dem Baby hinterhergeflogen – weit, weit hinaus, bis zum

Mond und noch weiter. Kubitzki hatte sich das alles ganz genau erzählen lassen.
»Es überkommt mich Fürchten und Zagen, / und Schauer erfaßt mich. / Ich sage: Hätte ich doch die Flügel der Taube, / ich flöge auf und käme zur Ruh. / Ja, entfliehen wollte ich, weit von hier.«
Ich gehe ins Cockpit, taumelnd, benommen. Meine Kraft reicht für diese Schritte so eben aus. Turbo-Prop – jedes Triebwerk 1900 PS – unser bestes Stück – meine Taube – flieg, flieg – nimm mich mit dir, weit weg von hier.
Verwirrend, diese Fülle an Schaltern und Knöpfen. Meine Finger gleiten über die Armaturentafeln, legen hier einen Schalter um, drücken dort einen Knopf. Wie durch einen Schleier hindurch bekomme ich mit, daß sich auf den Anzeigentafeln etwas ändert, daß der Geräuschpegel im Flugzeug steigt. Fahriger, hastiger werden meine Bewegungen, auch am Steuerknüppel hantiere ich jetzt.
»Es überkommt mich Fürchten und Zagen, / und Schauer erfaßt mich. / Ich sage: Hätte ich doch die Flügel der Taube, / ich flöge auf und käme zur Ruh. / Ja, entfliehen wollte ich, weit von hier.« Turbo-Prop – jedes Triebwerk 1900 PS – unser bestes Stück – meine Taube – flieg, flieg – nimm mich mit dir, weit weg von hier. Der Sonne entgegen, immer näher an sie heran, immer näher.
Ich erwache mit Eisbeuteln auf dem Kopf im Ambulanzraum des Flughafens. Ich sei wieder in Ordnung, sagt der Sanitäter, auch Franziska, die Ärztin, meine das. Aber der Flugkapitän sieht mich vorwurfsvoll an.
Ich bin wirklich wieder in Ordnung; als unsere Gruppe sich verabschiedet, ist es nicht einmal nötig, daß mich jemand stützt. Heute stand nur eine Besichtigung des Flugzeugs auf dem Programm, eine Einstimmung gewissermaßen. Ab in die Luft geht es erst übermorgen.

Der Pilot zieht ganz zum Schluß Kubitzki am Ärmel zur Seite, ich stehe zufällig daneben. Wann mit der Überweisung des Mietpreises zu rechnen sei, fragt er.
»Wollten Sie den Preis nicht noch nach unten abrunden?«
Aha, Kubitzki möchte handeln.
Der Pilot lacht. »Ich hatte Ihnen geschrieben: 33.916, nicht wahr?«
Kubitzki nickt.
»Also gut: 33.000.«
Kubitzki bedankt sich, bekommt jetzt erst mit, daß ich danebenstehe, aber das scheint ihn nicht weiter zu stören.

III

Ich sitze im Flugzeug. In unserem Flugzeug, am Steuer ist unser Flugkapitän. Aber es handelt sich um einen Linienflug, und die Gruppe ist gar nicht dabei, vor mir und hinter mir sind ganz normale Passagiere.

Das Ziel des Flugs ist Bern.

Als wir von der Besichtigung des Flugplatzes und des Flugzeugs ins Schloß zurückkehrten, erwartete mich eine Nachricht: Aus der Schweiz habe jemand für mich angerufen, ein Professor Rotebrück, ich möge dringend zurücktelefonieren.

Fred, ich bin mitten in meinem Experiment, das weißt du, ich will nicht gestört werden; will mit dir keine Beziehungsfragen erörtern, nach der Scheidung bestehen doch klare Verhältnisse, oder nicht?

Um uns beide geht es gar nicht? Worum dann?

Man stehe auf dem Güggisgrat vor einer aufsehenerregenden Entdeckung. Er, Fred, vermute, es handle sich um ein Galeriegrab, ungewöhnlich groß. Ob ich bei der Öffnung dabeisein wolle.

Ich war von dieser Vorstellung sehr angetan, wies aber darauf hin, daß ich meine Gruppe nicht verlassen könne.

»Nimm das Flugzeug, Angelika. Bern hat einen kleinen Flughafen, in einer guten halben Stunde Flugzeit bist du dort. Dann noch einmal eine halbe Stunde Autofahrt in die Alpen. Ich hole dich am Flughafen ab. Nur einen Nachmittag mußt du opfern, am Abend bist du wieder zurück.«

Meine erste Begegnung mit dem Flugkapitän fiel mir ein. Was hatte er gesagt? »... Aber wir führen ja nur kurze Flüge durch: nach Lugano zum Beispiel, höchstens bis Elba.«

Auch nach Bern?

Ja, auch nach Bern. Am frühen Nachmittag hin, am Abend zurück. Aber ich dürfe nur mitfliegen, wenn ich verspreche, nicht wieder im Cockpit mit den Knöpfen und Schaltern zu spielen.

Gestern die Besichtigung des Flughafens und des Flugzeugs mit der Gruppe, morgen unser erstes symbolisches Aufsteigen, um Jaldabaoth und seinen sieben dämonischen Engeln zu entkommen, heute also der Flug nach Bern zu einem archäologischen Abenteuer. Viel passiert da in kurzer Zeit, ich schaffe es kaum, alles zu verarbeiten. Außerdem muß ich noch über das nachdenken, was heute in den Vormittagsstunden im Schloß passiert ist ...

Gruppendynamik mit den acht Grundfragen der Gnosis: Wer waren wir? Was sind wir geworden? Wo waren wir? Wohin sind wir geworfen? Wohin eilen wir? Wovon werden wir erlöst? Was ist Geburt? Was ist Wiedergeburt?

Friedrich, 39 Jahre alt, korpulent, Beamter bei der Stadtverwaltung, Katasteramt, ledig. Ein verpaßtes Leben. Er ist der erste, der an die Reihe kommt. Sein Stuhl steht mitten im Raum, im Halbkreis vor ihm sitzen acht weitere Leute aus der Gruppe, angewiesen, ihm immer wieder ihre Frage zu stellen.

Franziska: »Wer warst du, Friedrich?« Peter: »Was bist du geworden, Friedrich?« Beatrice: »Wo warst du, Friedrich?« Gerda: »Wohin bist du geworfen, Friedrich?« ...

Friedrich darf nicht antworten.

Kreuz und quer durcheinander werden jetzt die Fragen gestellt, und immer schneller, immer schneller.

Friedrichs Atem fängt an, unruhig zu werden. Nur noch stoßweise und gepreßt kommt er. Beginnende Hyperventilation, ich stachle ihn weiter an – »Schneller atmen, schneller!« Dann der Zusammenbruch. Er weint, wimmert wie ein Kind, wälzt sich am Boden.
Die Zuwendung durch die Gruppe. Hedwig drückt ihn an ihren Busen, Beatrice streichelt seine Haare, Peter spricht tröstende Worte. Andere knien um ihn herum und fassen ihn einfach nur an.
Bei Wolfgang locke ich statt Hyperventilation Zungenreden hervor. »Stoß unartikulierte Laute aus! Schalte den Verstand ab, laß nur noch dein Unbewußtes sprechen!«
Lallmonologe wie ein Kind, Regression. Auch Wolfgang hält es nicht mehr auf dem Stuhl, er muß auf den Boden, muß sich wälzen wie Friedrich.
Franziska muß sich ausziehen. Ruhig und besonnen handelt sie, aber ihrem Gesicht sieht man an, daß sie völlig abwesend ist. Schwarze Unterwäsche, passend zu den Haaren. Auch nackt ist sie noch eine Gräfin.
Ehrfürchtiges Schweigen.
Sie bewegt sich, macht einige Schritte wie eine Tänzerin.
Als sie wieder zu sich kommt, steigt ihr die Schamröte ins Gesicht, sie rennt aus dem Raum. Jemand trägt ihr die Kleidung hinterher.
Und ich? Wie habe ich auf das Stakkato der acht Grundfragen reagiert?
Ich schaue aus dem Flugzeugfenster. Reiseflughöhe 5.500 m, da kann man unten noch viel erkennen. Wir haben die Grenze schon überquert, auf der rechten Seite, wo ich sitze, sieht man die bewaldeten Höhenzüge des Jura.
»Wohin eilst du, Angelika? Wovon wirst du erlöst, Angelika? Was ist Geburt, Angelika? Was ist Wiedergeburt, Angelika?«

Ich will mit ihm kämpfen. Mit ihm, Klaus, der Fred vom Aussehen her am nächsten kommt: schlank, hochgewachsen, nachdenkliche Augen, graue Schläfen. Ich will ihn töten.
Er steht auf, ein erster Austausch von Schlägen. Er setzt nicht alle Kraft ein.
Am Anfang weiß ich noch, daß ich dem Mann Unrecht tue, daß er völlig anders ist als Fred.
Aber dann ist er Fred. Und jetzt kämpfe ich wie besessen, füge dem Mann Schmerzen zu, trommle gegen seine Brust, trete in seine Geschlechtsteile.
Er liegt am Boden, krümmt sich vor Schmerzen.
Ich bin verzweifelt: »Das wollte ich nicht, Fred, vergib mir.« Ich küsse ihn, streichle sein Gesicht.
Der Bergrücken dort unten müßte der Weißenstein sein, zum Solothurner Jura gehörig. Die Bewaldung ist nur noch spärlich, schroffe Felsen treten hervor. Wenn wir bereits auf der Höhe von Solothurn sind, wird bald der Landeanflug beginnen. Nein, bitte noch nicht nach unten! Höher hinauf! Wie war noch die maximale Steighöhe des Flugzeugs? 9.300 m? Und was passiert, wenn man noch weiter nach oben fliegt? Dann wird die Struktur der Kabine zu sehr belastet? »Es überkommt mich Fürchten und Zagen, / und Schauer erfaßt mich. / Ich sage: Hätte ich doch die Flügel der Taube, / ich flöge auf und käme zur Ruh. / Ja, entfliehen wollte ich, weit von hier.« Wohin eilen wir? Wovon werden wir erlöst? Was ist Geburt? Was ist Wiedergeburt? Turbo-Prop – jedes Triebwerk 1900 PS – unser bestes Stück …

Nicht Fred holte mich am Flughafen ab, sondern Karin. Fred schaffe es nicht, sich von der Grabungsstelle zu lösen … Ziemlich weit außerhalb von Bern befand sich der Flughafen, in südlicher Richtung, die Stadt bekam ich also gar nicht zu Gesicht. Die Fahrt schien wirklich nicht lange zu dauern, es ging die ganze Zeit über die Autobahn, und tauchte vor uns nicht schon der Thuner See auf?

Karin stank nach Schweiß. Sie hatte ihr luftiges Kleid bis über die Knie hochgezogen, und man sah ihre dicken Oberschenkel. An den Füßen trug sie ausgelatschte Sandalen. Wie oft schlief Fred mit ihr? War er immer noch so unersättlich wie früher? Und wo war sein Geschmack für das Feine, das Elegante, geblieben? Ich schaute an mir herab; auch jetzt im Hochsommer, bei großer Hitze, versuchte ich meine Kleidung in Ordnung zu halten: hellblau karierte Bluse, dunkelblauer Hosenrock aus Leinen, luftige Bastschuhe. Nichts, um einen Mann anzumachen; aber das beabsichtigte ich ja auch nicht.

Karin redete in einem fort. Thema war die Grabung, ich erfuhr alle Einzelergebnisse aus der Zeit, seitdem ich abgereist war. Zwei weitere Titusmünzen hatte man oben gefunden! Vor der Presse hatte Fred die Kampagne bisher heruntergespielt, er wollte noch keine ausführliche Berichterstattung, sie würde ihm nur unerwünschte Besucher bescheren.

Das Galeriegrab sparte sich Karin bis zum Schluß auf, als Höhepunkt. Ob ich überhaupt wisse, was ein Galeriegrab sei, fragte sie.

Nein, ich bin Psychologin, nicht Archäologin.

Gelegenheit für sie, mir ihre Kenntnisse zu demonstrieren. Unter einem Galeriegrab, auch Kammergrab genannt, verstehe man eine große, aus Steinen errichtete, gangartige Gruft – französisch: allée couverte –, die unter einem Hügel aus Erde oder Steinen liege. Sie könne aber auch – und das sei am Güggisgrat der Fall – aus Felsgestein herausgearbeitet sein. Galeriegräber seien neolithisch oder bronzezeitlich, also einige tausend Jahre v. Chr. anzusetzen. Mit den Römern hätten diese Grabstätten folglich nichts zu tun. Und doch habe man am Eingang des Galeriegrabs auf dem Güggisgrat eben eine Titusmünze gefunden – Beweis dafür, daß dieses Grab gleichwohl mit den Römern in Zusammenhang zu bringen sei.

»Spielen vielleicht die Kelten dabei eine Rolle?« Das war nicht vom Hintergrund eines Sachwissens her gefragt, sondern nur geraten. Aber ins Schwarze getroffen.

»Richtig, Angelika, richtig. Über die Herkunft der Kelten und den Zeitpunkt ihrer Volkwerdung gibt es verschiedene Theorien, und die für uns interessanteste ist ein extremer Frühansatz. Er datiert die Kelten bereits in die Bronzezeit und behauptet, sie hätten in ihrer Anfangszeit Galeriegräber angelegt – Sippengräber, die für mehrere Generationen reichten. Hier in der Schweiz trifft man ja an vielen Orten auf keltisch-römische Mischkultur, und offenbar ist auch der Güggisgrat ein solcher Ort: Die Römer haben dort oben möglicherweise eine uralte keltische Tradition zum Leben erweckt. Aber warum nur, warum?«

Karin hörte auf zu reden, sie mußte sich auf den Verkehr konzentrieren, wir durchquerten Thun. Auch auf der kurvenreichen und stark frequentierten Straße links am See entlang kam sie nicht mehr dazu, viel zu erzählen. Aber ich erfuhr immerhin noch, daß unser Galeriegrab einen beispiellosen Platz habe: Es sei etwas unterhalb des Grats in den steil abwärtsfallenden Felsen hineingearbeitet, von oben nicht erkennbar. Die Toten hätten also einen schwindelerregenden Abgrund unter sich.

»Wie bekommt man dann aber Zugang zu dem Grab? Seilt man sich vom Grat her ab?«

»Fred hat ein Gerüst zimmern lassen. Wir können unsere Arbeit ohne jede Gefahr verrichten.«

Drei Meter mußte ich an einer Strickleiter herunterklettern, also doch eine Art von Abseilung. Unter mir der Abgrund. Aber das Gerüst war fest und sicher und zweiundzwanzig Meter lang – so lang wie das vermutete Grab. Auch ein Geländer hatte es. Um eine Steinplatte am rechten Ende des Grabs, die offenbar seinen Eingang verschließen sollte, waren Zugseile gelegt; ferner sah ich ein Rollbrett, mit dem die Platte wegbewegt werden sollte.
Die Equipe hatte alles vorbereitet, um in das Grab einzudringen, in den nächsten Minuten konnte das geschehen. Aber man hatte mit dem Öffnen auf mich gewartet.
Vielen herzlichen Dank, Fred. Bin ich dir dafür etwas schuldig? Sicher nur einen Kuß, mehr nicht.
Fred ist leidenschaftlicher als sonst. Er drängt sich für einen Moment an mich, und das ungeachtet der Tatsache, daß die anderen um uns herumstehen.
»Wie seid ihr überhaupt auf das Grab gestoßen?« will ich wissen. »Von oben ist es wirklich nicht auszumachen, selbst wenn man sich über den Abgrund lehnt.«
Fred hatte unten, vom Tal aus, die Felswand mit dem Fernglas abgesucht. Und war dabei auf Unregelmäßigkeiten gestoßen.
»Aber ich habe Sorge, Angelika, daß wir zu spät kommen.«
»Wie meinst du das?«
»Das Grab ist möglicherweise bereits geöffnet worden. Und dann wieder verschlossen. Schau her, diese Abreibungen hier, höchstens zwei Jahre alt, könnten Schleifspuren sein und von der Eingangsplatte stammen.«
Moderne Grabräuber? Mir lief ein Frösteln über den Rücken.
Ich durfte, die Stablampe in der Hand, als erste eintreten. Zwei Schritte ging ich in die Bergwand hinein, dann machte der Gang eine Biegung nach links und verlief parallel

zum Abgrund, von ihm getrennt durch dicke Steinplatten. Endlos lang schien er zu sein, der Gang.
Rechts waren Nischen in die Wand gehauen, mannshoch, etwa 90 cm breit, eine an die andere gereiht.
Sie waren leer.
Freds Enttäuschung kannte keine Grenzen; so unbeherrscht hatte ich ihn selten gesehen. Immer und immer wieder schritt er, mit einer starken Lampe ausgerüstet, den Gang ab, konnte aber nichts entdecken.
»Dreiundzwanzig Beerdigungsplätze«, jammerte er, »ein so langes Galeriegrab gibt es nirgendwo auf der Welt. Und dann ist es leer.«
»Die Toten standen offenbar in ihren Gräbern?« fragte ich.
»Ja, wie im neolithischen Kammergrab von Cocherel bei Dreux in Nordfrankreich. Mit dem Rücken an die Bergwand gelehnt, schauten sie tief hinunter ins Tal – das heißt, so war es natürlich nicht, sie hatten ja keine Sicht wegen der abdeckenden Steinplatten.«
Ich stellte mich in eine der Nischen. »Ist sie nicht zu breit für einen Beerdigungsplatz?«
Ja, 90 cm seien ungewöhnlich viel, das gab Fred zu; ein Toter brauche nur etwa einen halben Meter …
Und dann knackte es unter meinen Füßen. Knochenreste!
Fred zerrte mich aus der Nische, ließ sich auf seine Knie nieder, suchte den Boden Zentimeter um Zentimeter sorgfältig ab. Dasselbe tat er auch in den zweiundzwanzig übrigen Nischen.
Mit gedankenverlorenem Blick kam er auf das Gerüst zurück, wo wir anderen ihn voller Spannung erwarteten.
In einundzwanzig der dreiundzwanzig Nischen hatte er Knochenreste gefunden. Folgerung: einundzwanzig der dreiundzwanzig Nischen waren belegt gewesen. »Aber die Skelette sind herausgeschafft worden. Vor maximal zwei

Jahren. Und nicht sehr achtsam; Laien waren am Werk, sie haben die morschesten Knochenteile wegbrechen lassen.«

Wir setzten uns zur Lagebesprechung auf der Terrasse des Niederhorn-Bergrestaurants zusammen. Pflaumenkuchen mit Sahne für Karin, für mich nur einen Kaffee. Fred mußte getröstet werden, von uns beiden.

»Teil die Angelegenheit der Presse mit«, meinte Karin. »Investigativer Journalismus: Die Schreiberlinge werden alle Hebel in Bewegung setzen, um die Grabräuber ausfindig zu machen.«

Fred reagierte nicht. »Ein – und – zwanzig Skelette«, murmelte er. »Wer hat sie sich geholt und zu welchem Zweck?«

Der Museumsangestellte, Freds Doktorand, begann Geschichten zu erzählen. Museumsdiebstähle. Er schaffte es, uns ein wenig abzulenken, zumal er viel Humor hatte.

Ich schaute auf die Uhr: Es wurde allmählich Zeit für den Aufbruch. Aber ich hatte Fred und den anderen noch gar nicht von meiner Begegnung neulich mit dem Mann mit den zwei Hunden berichtet. Das mußte ich nachholen.

Alle hörten aufmerksam zu. »Also eine Sekte hat sich hier oben niedergelassen«, sagte eine der beiden Studentinnen. »Jetzt kann ich jene seltsam in sich versunkenen Gestalten besser einordnen, die man gelegentlich hier oben sieht.«

Den anderen waren diese Gestalten auch bereits zu Gesicht gekommen. Einmal sei gar die ganze Gruppe unterwegs gewesen.

»Einundzwanzig Leute müssen es gewesen sein«, bemerkte ich beiläufig.

»Besuch sie doch, vielleicht kannst du etwas für dein Experiment lernen«, schlug Fred vor.

Ich sah nochmals auf die Uhr, schüttelte den Kopf. In zehn Minuten mußte ich die Luftseilbahn talwärts nehmen.

Mein Experiment. Ich solle rasch noch sagen, wie es laufe. Alle waren eingeweiht, ich konnte frei sprechen. Einige rasch hingeworfene, viel zu schnelle Sätze. Ja, es laufe gut. Die Gruppe forme sich wie geplant.
»Aber welche Rolle spielst du selber in der Geschichte, Angelika? Gehst du mit deinen Gefühlen hinein? So etwas macht man doch nicht nur mit der Oberfläche seiner Persönlichkeit!« Das war Karin gewesen.
Ich muß nun wirklich aufbrechen. Tschüs, alle zusammen. Tschüs, Karin. Zurückgebracht werde ich von Fred.
Im Auto kommen wir irgendwie auf Kosten zu sprechen. Zunächst auf die Kosten der Grabungskampagne. Die Universität zahle nicht, erklärt Fred, aber das sei nicht schlimm; Forschungsgelder von außerhalb würden fließen.
»So ist es auch bei mir.«
»Nein, Angelika, ganz bestimmt nicht.«
»Kubitzki hat es aber gesagt.«
»Der Mann irrt. Für Doktorarbeiten bekommt man von offiziellen Stellen keinerlei Unterstützung mehr, die Kassen sind überall leer. Man kann höchstens bei Privatleuten betteln gehen.«
»Aber Kubitzki ...«
»Er ist ein Schwätzer, Angelika. Wir haben zwei Semester lang in der Forschungskommission zusammengesessen, da habe ich ihn kennengelernt. Doch wenn ich dich vor ihm warnte, hast du ja nie zugehört. Seine Psychologie-Kollegen ...«
»Du wolltest mich von ihm wegbringen, weil du eifersüchtig warst, Fred.«
Die Unterhaltung erstirbt; ohnehin sind wir inzwischen am Flughafen angelangt, und die Maschine wartet schon.

Am späten Abend, nach dem Programm mit der Gruppe,

suchte ich die Aussprache mit Klaus. Ich wollte mich entschuldigen, aber er winkte ab, alles sei in Ordnung, er habe Verständnis für mich.
Klaus ist Kinderarzt. Und hat vor drei Jahren ein Kind totgefahren. Vor Gericht freigesprochen, fühlt er sich gleichwohl moralisch schuldig. Nachts regelmäßig Alpträume.
Jedes Leben ist ein Roman.
»Wir brauchen Erlösung, Angelika, Erlösung.« Ein Spaziergang durch die Weinberge, den Hügel hinunter. Das Schloß befindet sich über uns, glänzt im Mondlicht.
»Aufbrechen in ein ganz anderes Leben müßte man. Und alles hinter sich zurücklassen. Auch sich selber.« Seine Stimme ist sanft. Oh, wie tut es mir weh, ihn heute vormittag so angegriffen, so mißbraucht zu haben. Ich drücke ihm einen flüchtigen Kuß auf die Wange.
Er versteht die Geste richtig, legt nichts in sie hinein.
Die Weinberge sind silbrig. Die ganze Landschaft kommt mir geheimnisvoll und unwirklich vor. Seitlich von uns plätschert ein Bach.
Ich hänge mich bei Klaus ein.
Die Gruppendynamik heute abend war weich und gefühlvoll gewesen. Mit Körperkontakten. Friedrich bekam versichert, er sei auch mit seinem dicken Bauch liebenswert. Alle legten ihm die Hand darauf. Franziska zog sich erneut aus, jedenfalls bis auf die Unterwäsche, aber dieses Mal bewußt. Sie zeigte ihren großen Leberfleck auf dem rechten Oberschenkel. Häßlich war er, mit Haaren bewachsen, ein Stückchen Fell. Sie bekam ebenfalls versichert, angenommen zu sein, wie sie ist. Der Oberschenkel wurde gestreichelt, auch von den Männern; mit sehr viel Takt taten sie das.
Und die Oden haben wir wieder gesungen; das ging auch ohne Musiker.

Es ist bald Mitternacht, ich müßte eigentlich ins Bett.
»An solch einem Sommerabend wird die Wirklichkeit zum Traum und der Traum zur Wirklichkeit«, sagt Klaus. Und dann: »Manchmal weiß ich nicht, wo die Grenze ist.«
Welche Grenze?
Die zwischen Wirklichkeit und Traum. Ist das Leben vielleicht nur eine Illusion?
Er ist reif für die Nag-Hammadi-Texte. Morgen früh werden sie uns beschäftigen. Morgen nachmittag dann keine Freizeit wie heute, sondern Aufstieg mit dem Flugzeug.
Manchmal habe er den Eindruck, der Tod existiere nicht; auch er sei nur eine Illusion.
Die Nag-Hammadi-Texte werden dich bestätigen, Klaus.
Zu seiner symbolischen Auffassung der Wirklichkeit sei er durch das Lesen der romantischen Literatur gekommen. Novalis, Ludwig Tieck. »Die äußere Welt ist nur wahr bis zu einem gewissen Punkt. Aber das gilt auch für das Individuum selber. Der Romantiker ist sich nie ganz sicher, ob er wirklich existiert.«
Ich rücke ein wenig von dem Mann ab. Nein, er ist nicht Fred. Fred gibt mir Sicherheit. Nüchtern, pragmatisch denkt er. Mit ihm zusammen fängt man nicht an zu schweben.
Klaus dagegen ist gefährlich.
Er ist mir zu ähnlich.

Endlich also die berühmten Nag-Hammadi-Texte! Kubitzki hatte sich für seinen Vortrag besonders fein gemacht: Anzug zweireihig, goldene Krawattennadel; Schuhe mit Absatz, die ihn ein wenig größer erscheinen ließen. Aber die roten Haare ungebändigt, keine Pomade, kein Wasser.

Im Dezember 1945 wurde in der Nähe des ägyptischen Städtchens Nag Hammadi (am Mittellauf des Nils) ein sensationeller Fund gemacht: Fellachen stießen auf eine gesamte koptische Bibliothek, bestehend aus 13 Codices mit 52 Traktaten. Die Texte sind für die Rekonstruktion der Anfangszeit des Christentums von unschätzbarem Wert, dokumentieren sie doch – jedenfalls eine ganze Reihe von ihnen – die gnostische Richtung des frühen Christentums, die bisher im wesentlichen nur durch Zitate und Widerlegungen der Kirchenväter bekannt war. Der Nag-Hammadi-Fund macht es nun möglich, eine bekämpfte und untergegangene Interpretation der Christusbotschaft aus ihren eigenen Quellen zu rekonstruieren.
Die Wirklichkeitssicht der Nag-Hammadi-Schriften ist für uns fremd, und auch die Art und Weise, wie sie vermittelt wird, ist uns nicht vertraut. Dennoch üben die Nag-Hammadi-Texte eine geradezu magnetische Wirkung aus. Wer sich auf sie einläßt, läuft Gefahr, daß sein bisheriger Standpunkt verlorengeht, daß seine bisherige Sicht der Dinge zum Kippen gebracht wird. Nach einem Studium der Nag-Hammadi-Texte ist man nicht mehr derselbe, der man vorher war.

Hier machte Kubitzki eine Pause und schneuzte sich umständlich. Wir befanden uns in demselben Raum wie neulich, in dem ehemaligen Festsaal.

Erlösung besteht nach den Nag-Hammadi-Schriften darin, den Charakter der Welt zu durchschauen und die Verstrickung in die Welt zu überwinden. Die Welt, so wie wir sie kennen, ist eine Wirklichkeit minderen Grades; das eigentliche Leben spielt sich auf einer anderen Ebene ab, der geistigen. Von diesem Blickwinkel aus erscheint der »Doketismusvorwurf«, den man an die Nag-Hammadi-Schriften richtet, in einem anderen Licht. Herkömmliche christliche Theologie muß auf Inkarnation bestehen, darauf, daß Erlösung auf der tiefsten Ebene von Realität stattgefunden hat, daß Erlösung nicht oberhalb von Raum, Zeit und Leiblichkeit geblieben ist – andernfalls würde sie nicht »greifen«, nicht existenzverändernd wirken können; der Erlöser muß im Fleisch gekommen und im Fleisch gestorben sein. Für die Nag-

Hammadi-Texte ist aber die Raum-Zeit-Ebene mit dem Menschen als Leibwesen gar nicht die Ebene tiefster, konkretester Realität, sondern eine dämonische Täuschung. Erlösung darf sich hier gar nicht abgespielt haben, sie muß im Gegenteil diese Wirklichkeit zerstören, sie in ihrem Trugcharakter entlarven, und sie muß die Menschen auf eine andere Ebene, die Ebene des Geistes, heben. Von hier aus erklärt sich auch der Vorwurf an die Archonten, daß sie den Menschen überhaupt mit einem Leib ausgestattet haben. Der Leib drückt den Menschen auf das Niveau des Tieres herab, er begrenzt ihn. Im Tod wird der Leib abgelegt wie ein nicht mehr benötigtes Gewand. Es ist ja inzwischen im Menschen ein anderes, unsterbliches Leben wachgerufen worden. Der Mensch ist einsgeworden mit dem Göttlichen, dieses macht sein innerstes Wesen aus. Dadurch hat der Mensch Unsterblichkeit erlangt und den Tod vernichtet. Der Tod ist nur für das irdische Wesen existent; er ist, so lautet die Heilsbotschaft der Nag-Hammadi-Texte, für den irrelevant, der zum eigentlichen Leben erwacht ist. Das Lebensprinzip des erleuchteten Menschen kann vom Tod nicht mehr tangiert werden. Und so bezeugen denn auch einige Traktate: »Die Auferstehung ist schon geschehen!«

Vor der Entdeckung der Nag-Hammadi-Texte hatte man gnostisches Christentum fast nur durch die Brille der großkirchlichen Häresie-Jäger wahrnehmen können; dadurch war der Zugang zu dieser Art des Denkens kaum möglich gewesen. Nun sieht man, mit welchem Ernst in christlich-gnostischen Kreisen um die Ermöglichung menschlicher Existenz gerungen wurde, um Erlösung aus Absurdität und Nichtigkeit.

Christlich-gnostisches Denken hat viel mit den fernöstlichen Religionen und Weltanschauungen gemeinsam, etwa mit der Zen-Philosophie, und man kann fragen, ob es nicht von dorther beeinflußt ist. Es gab nachweislich Handelsverbindungen zwischen dem fernöstlichen und dem vorderasiatischen Raum, und auf Handelswegen werden bekanntlich nicht nur materielle Güter transportiert, sondern auch Weltanschauungen.

Wie in den fernöstlichen Religionen und Weltanschauungen ist auch im christlich-gnostischen Denken die Selbstverständlichkeit menschlichen Existierens verlorengegangen. Es hat sich eine Einsicht eingestellt, die den alltäglichen Lebenszusammenhang nicht mehr als strukturierend und Sicherheit vermittelnd wahrnehmen kann: menschliche Existenz blickt durch sich selbst hindurch in einen Abgrund; Leben ist nur noch Täuschung, Schein. Wie kann man da noch weiterleben? Wie ist dem Wahnsinn zu entkommen? Auch »Gott« kann ein dermaßen ins Rutschen gekommenes Daseinsverständnis nicht mehr in jedem Fall stabilisieren, er gerät ebenfalls unter Illusionsverdacht; oder – ist man selbst Gott? Ist in einem selbst die Lösung des menschlichen Dilemmas möglich?

Klaus zieht mich immer mehr an, in der Pause suche ich den Kontakt mit ihm. Die Nonnen haben einen Servicetisch mit Kaffee und Keksen in den Raum gerollt, alle sind aufgestanden, bedienen sich. Kubitzki wird von Franziska ins Gespräch verwickelt. Klaus und ich haben uns, Kaffeetassen in der Hand, in die hinterste Ecke des Raums zurückgezogen. Neben einem der großen Spiegel stehen wir.

Ist es nicht unerträglich, sich so zu sehen? Wie konnte man in einen Festsaal Spiegel einbauen?

Wie eine Fremde schaue ich mich an, wie ein anderes Wesen. Die Unfaßbarkeit der eigenen Existenz. Das da bin also ich. Schatten unter den Augen, ich habe in der letzten Zeit zuwenig geschlafen. Die Haare sind schon drei Tage nicht gewaschen. Ich trete näher heran. Mit diesem Körper dort lebe ich also zusammen. Das bin ich. Oder?

Fred hätte mich jetzt instinktiv von dem Spiegel weggezogen, Klaus aber stellt sich neben mich, scheint dasselbe zu empfinden wie ich.

Wir schweigen.

Endlich löse ich mich von meinem Spiegelbild, trete an ein Fenster.

Er folgt mir.

Als ich so nach draußen blicke, überkommt mich der unwiderstehliche Zwang, ein Waschritual durchzuführen. Wie lange dauert die Pause noch? Erst fünf Minuten von den zwanzig sind vorüber? Dann bleibt mir genügend Zeit. Wo gehe ich hin? Nicht auf die Toilette nebenan, sondern in mein Zimmer. Da ist ein Waschbecken, und ich habe genügend Platz.

Ich bitte Klaus, mich zu begleiten.

Zwangsneurotiker haben die Tendenz, ihre Krankheit zu verheimlichen, das ist die psychiatrische Lehrmeinung. Sie trifft auf mich zu. Fred weiß über meine Zwänge nur ungefähr Bescheid; wie tief sie mein Leben beeinflussen, davon hat er keine Ahnung. Kubitzki habe ich mich allerdings anvertraut; er war mir eine Art von Therapeut. Und mit Klaus will ich einen Schritt weitergehen: Er soll mich bei meinem absurden Ritual sehen.

Ich habe dieselbe Kleidung an wie gestern nachmittag für den Ausflug in die Schweiz: hellblau karierte Bluse, dunkelblauer Hosenrock aus Leinen, luftige Bastschuhe. Nichts, um einen kunstgerechten Striptease vorzuführen; aber das beabsichtige ich ja auch nicht.

Er nimmt auf meinem Bett Platz. Fragt nicht, schaut nur zu. Eine einzige Bemerkung macht er: Zwangsphänomene kämen immer häufiger auch bei Kindern vor, er werde in seiner Praxis nicht selten damit konfrontiert.

Was habe ich für Unterwäsche an? Keine schicke schwarze wie Franziska. Weißer Schlüpfer für sechs Mark, BH genauso teuer. Kaufhausware im Sonderangebot.

Und nun das Waschen. Siebenmal müssen jedes Bein und jeder Arm eingeseift und wieder abgespült werden. Die hygienisch wirklich kritischen Stellen – Achselhöhlen, Füße, Geschlechtsbereich – sind für die Neurose neutral, ich brauche sie nicht anzurühren.

Endlich darf ich meinen Körper wieder in der Kleidung verbergen. Voller Scham bin ich, wie neulich Franziska, aber unglaublich erleichtert: Ich habe mich einem anderen Menschen preisgegeben, und das nicht nur mit Worten, sondern auch mit Taten. Ich bin mit meiner Not nicht mehr allein.

»Wir brauchen Erlösung, Angelika, Erlösung.« Klaus ist aufgestanden und geht durch das Zimmer. »Aufbrechen in ein ganz anderes Leben müßte man. Und alles hinter sich zurücklassen. Auch sich selber.«

Klaus ist reif für die Nag-Hammadi-Texte.

Und ich bin es auch.

Kubitzki geht zum Thomasevangelium über. Es habe von allen Nag-Hammadi-Traktaten die meiste Aufmerksamkeit auf sich gezogen.

Insbesondere von dieser Schrift erhoffen sich viele heutige Menschen Inspiration für ihr eigenes religiöses Leben. Immer wieder werden Bücher geschrieben, die versuchen, das Thomasevangelium für unsere Zeit zu erschließen. Als ein christlicher Text, der keine jahrhundertelange Auslegungsgeschichte hinter sich hat, ist das Thomasevangelium »unverbrauchter« als die neutestamentlichen Evangelien, es ist offener, nicht »zugepredigt«.

Die Spruchsammlung »Thomasevangelium« besteht aus 114 Worten Jesu. Im ersten Logion wird eine kühne Verheißung gegeben: »Wer die Interpretation dieser Worte findet, wird den Tod nicht schmecken.« Der Schreiber des Thomasevangeliums stellt sich also unter einen hohen Anspruch: Leben zu vermitteln, das vom Tod nicht mehr bedroht ist. Auf welche Weise löst er diesen Anspruch ein? So wie andere gnostische Schriftsteller auch: Er versucht, den Menschen auf eine Erkenntnis- = Seinsebene zu heben, die ihn den Weltbezügen (und damit der Todesverfallenheit der Welt) völlig entnimmt. In den 114 Sprüchen Jesu wird genau dieses Programm entfaltet.

Einen wichtigen Stellenwert nimmt in der Botschaft des Thomasevangeliums das »Reich Gottes« ein. Dieses Reich ist gegenwärtig. In Spruch 3 heißt es: »Wenn die, die euch führen, euch sagen: Seht, das Königreich ist im Himmel, so werden euch die Vögel des Himmels vorangehen; wenn sie euch sagen: Es ist im Meer, so werden euch die Fische vorangehen. Aber das Königreich ist in eurem Inneren, und es ist außerhalb von euch. Wenn ihr euch erkennen werdet, dann werdet ihr erkannt, und ihr werdet wissen, daß ihr die Söhne des lebendigen Vaters seid.« – Nicht heilsgeschichtlich wird hier gedacht (im Ausblick auf die kommende Vollendung), sondern in »Zuständen«: Es ist ein Zustand erreichbar, in dem das Reich, verstanden als himmlische Lichtwelt, im Menschen zur existenzbestimmenden Größe wird. Von seinem Wesenskern her ist der Mensch dann »Reich Gottes«. Die eschatologisch erhoffte Vollendung wird auf diese Weise zur gegenwärtigen Existenzerfahrung.

Dieses Leben hat seinen Preis. Der Evangelist geht davon aus, daß es nur erreicht werden kann in schroffer Abkehr von der Welt, und so gibt er immer wieder Aufforderungen zur Askese, prägnant zusammengefaßt in Logion 42: »Seid Vorübergehende!« Die Welt ist dem Evangelisten keine Heimat mehr. Ihn ergreift ein Grauen, wenn er auf die Welt schaut; sie ist für ihn, so zeigt Logion 80, zum Leichnam geworden.

Wie kann dem Menschen geholfen werden, der in den Weltbezügen aufgeht, der von der Welt trunken ist und an seinem wahren Leben vorbeilebt? Ihn muß das Leid treffen, denn: »Selig der Mensch, der gelitten hat; er hat das Leben gefunden.« (Logion 58) Das Leiden holt den Menschen aus der »Verfallenheit an das Seiende« heraus – man könnte hier das Thomasevangelium von Heidegger aus interpretieren; im Leid streift den Menschen das Nichts, durch das hindurch erst das Sein (Heidegger) beziehungsweise das göttliche Selbst (Thomasevangelium) dem Menschen als das ganz andere sichtbar werden kann.

IV

Wir parkten die Autos dort, wo ich neulich meins abgestellt hatte, zwanzig Minuten vom Flughafen entfernt. Ein kleiner Spaziergang stand uns also bevor, vorbei an den wogenden Kornfeldern und dem Bauerngehöft. Vorbei auch an einer Scheune, und hinter ihr wollten wir uns umziehen; jeder von uns trug sein weißes Gewand bereits in der Hand.

Lachen, Scherzen, eine Gruppe von Urlaubern waren wir. Unsere Kleidung: bunt, sommerlich leicht. Alle Männer steckten in Shorts, in weit geschnittenen meist, nur die von Peter waren eng anliegend, aus elastischem Stoff, sie ließen die Oberschenkelmuskeln stark hervortreten. T-Shirts mit oder ohne Ärmel, farbfrohe Polohemden – so waren die Männer obenherum angezogen. Von uns Frauen trugen einige ebenfalls Shorts, die anderen kurze Röckchen; Hedwig, die älteste, hatte ein langes, luftiges Kleid an, wie Karin es zu tragen pflegte; Gerda, die Oberstudiendirektorin, stolzierte im Bikini daher.

Mußte ich Logion 37 des Thomasevangeliums noch einmal vorlesen? Es war wohl besser: »Seine Jünger sagten: Wann wirst du uns erscheinen, und wann werden wir dich sehen? Jesus antwortete: Wenn ihr euch nicht mehr schämt und eure Kleider nehmt und sie unter eure Füße legt wie die kleinen Kinder und darauf tretet. Dann werdet ihr den Sohn des Lebendigen sehen, und ihr werdet ohne Furcht sein.«

»Religionspsychologie des gnostisch-esoterischen Christentums.« Wollt ihr die Texte wirklich von der Tiefe her ver-

stehen? Wollt ihr ihre existenzumwandelnde Kraft spüren? Dann müßt ihr euch in die Welt, die sie aufbauen, ganz hineingeben. Dann müßt ihr tun, was sie sagen.
Sie hatten alle eingewilligt, vorher im Schloß. Aber jetzt zögerten sie.
Dieses Ausziehen hat überhaupt nichts mit Sex zu tun. Das Thomasevangelium ist streng asketisch ausgerichtet, auch in seiner Sexualmoral. Sein wie die Kinder – das Thomasevangelium meint damit eine Einheit jenseits aller Gegensätze, eine paradiesische Ruhe ohne Leidenschaft. Auch ohne Sexualität, die uns sklavisch an den Leib bindet.
Ich konnte nicht die erste sein, ich traute mich nicht. Erst als Friedrich den Anfang gemacht hatte, zog ich mich aus. Die Kleidung unter die Füße legen, darauf treten, sagte ich und führte es aus. Mein Blick war gesenkt, ich schaffte es nicht, die anderen anzusehen. Aber soviel bekam ich mit, daß alle jetzt an ihrer Kleidung nestelten.
Kein Lachen mehr, kein Scherzen, feierlicher Ernst. Eine Gruppe von Urlaubern? Nein, nicht mehr. Eine Sekte?
Ich zitterte am ganzen Körper. Carola, die mir am nächsten stand, legte den Arm um mich.
»Laßt uns Ode 28 singen«, schlug Klaus vor.
Wir kannten inzwischen alle den Text auswendig.

Wie die Flügel der Tauben über ihren Jungen sind
und die Schnäbel ihrer Jungen ihren Schnäbeln zugekehrt,
so sind auch die Flügel des Geistes über meinem Herzen.
Fröhlich ist mein Herz und hüpft
wie das Ungeborene, das hüpft im Leibe seiner Mutter.
Ich kam zum Glauben, dadurch fand ich auch die Ruhe;
denn des Glaubens wert ist der, an den ich zum Glauben kam.
Segensvoll segnete er mich,
und mein Haupt ist zu ihm gekehrt.
Denn ich wurde bereitet, bevor die Vernichtung war,
und wurde gelegt an den Busen der Unvergänglichkeit.

Und es umfing mich das Leben ohne Tod
und küßte mich.

»Und es umfing mich das Leben ohne Tod und küßte mich«, wiederholte Klaus, die Arme weit nach oben in den Himmel gestreckt.

Wer weinte alles? Ich konnte es nicht erkennen, der Tränenschleier vor meinen eigenen Augen nahm mir die Sicht.

Und nun das weiße Gewand anlegen.

Hatten sie noch alle die Ausführungen Kubitzkis zur Psychologie der Kleidung und zur gnostischen Kleidungssymbolik im Ohr?

In der Kleidung drückt sich die Person aus. Durch die Kleidung stellen wir unsere Würde dar, aber auch die Defizite; vielleicht kompensieren wir sie. Sehnsucht nach einem neuen Gewand ist immer auch Sehnsucht nach einem neuen Zustand seiner selbst, nach einem Zustand, in dem wir glücklicher, zufriedener sind. Kleiderwechsel: ein häufiges Motiv in der Mythologie, im Märchen, in der Religionsgeschichte. Das alte Kleid muß ausgezogen, das neue angezogen werden; ein Symbol für die Erneuerung ist das. Oft erliegen wir der Gefahr, durch Kleidung bloß etwas vorzutäuschen; aber hinter der Fassade geht sie weiter, die Suche nach dem »gültigen« Kleid für uns, nach dem, das uns glaubwürdig darstellt.

Das Lichtgewand in der Gnosis, die weißen Gewänder der Auserwählten in der Offenbarung des Johannes – für die Religion ist die Gewandmetaphorik unverzichtbar. Man braucht nur in die Oden Salomos hineinzuschauen:

Und ich trank und wurde berauscht
von dem lebendigen Wasser, das nicht stirbt.
Und der Herr erneuerte mich durch sein Gewand
und machte mich bereit durch sein Licht.
Und er führte mich in sein Paradies,
da, wo der Reichtum der Erfreulichkeit des Herrn ist.

Entronnen bin ich aus meinen Banden,
und zu dir bin ich geflüchtet, mein Gott.

*Und ich wurde bekleidet mit dem Kleide deines Geistes
und tat ab von mir die Fellgewänder.*

Sozialpsychologie der Sekte: Je stärker die Abgrenzung von der Außenwelt, desto größer die Kohärenz im Innern der Gruppe. So funktionierte es auch bei uns. Stigmatisiert durch unsere Kleidung, rückten wir, als wir vor den Flughafengebäuden standen und die Leute uns anstarrten, eng zusammen. Einige der Frauen faßten sich an den Händen an.

»Laßt uns nachempfinden, wie es den Gnostikern im Umgang mit den Unerleuchteten ergangen sein muß«, hatte ich vorher gesagt.

Der Taxifahrer dort, hemdsärmelig neben seinem Auto stehend, ein Grinsen im Gesicht – was wußte er vom Leben ohne Tod, das den Menschen umfangen und küssen will?

Der Penner auf der Bank vor dem Abfertigungsgebäude, die Schnapsflasche neben sich – mußte man ihm nicht zurufen: »Und ich trank und wurde berauscht / von dem lebendigen Wasser, das nicht stirbt«?

Die junge Dame am Informationsschalter, hypermodisch gestylt, das Gesicht hinter einer dicken Schicht Schminke verborgen – hatte sie nicht die Botschaft nötig vom »Kleid des Geistes« und »Abtun der Fellgewänder«?

Die Weltüberlegenheit des Gnostikers. Sein Wissen um das göttliche Selbst im Menschen ...

Klaus fing tatsächlich ein Gespräch mit der jungen Dame an. Ob sie schon über Fragen wie diese nachgedacht habe: »Wer war ich?« – »Was bin ich geworden?«

Wir mußten weiter, unser Pilot winkte schon vom Rollfeld aus, die Maschine war startfertig. Mit seiner integren Erscheinung, seiner Freundlichkeit, seiner sonoren Stimme hatte der Mann bereits neulich, bei der Besichtigung von Flugplatz und Flugzeug, die Gruppe für sich einnehmen können. Er war inzwischen von dem Ziel meiner Doktorarbeit voll und ganz überzeugt, wollte sein Bestes tun, um zum Gelingen beizutragen; ich hatte bei meinem Rückflug von Bern Gelegenheit gehabt, noch einmal mit ihm zu sprechen. So trat in seine Augen keinerlei Befremden, als wir nun ganz in Weiß erschienen.

Eigentlich war es dem Mann verboten, ohne Copilot zu fliegen, aber er machte für uns eine Ausnahme. Er konnte es, weil er Mitbesitzer der Fluggesellschaft war; um eine sehr kleine Gesellschaft handelte es sich, nur über drei Maschinen verfügte sie.

Wir hatten Platz genommen. Ich zählte die Sitze noch einmal nach: rechts zwölf, links elf, zusammen dreiundzwanzig; zwei blieben leer, der jeweils letzte, wir waren ja nur einundzwanzig.

Der Start. Turbo-Prop, jedes Triebwerk leistete 1900 PS. Ja, diese Kraft spürte man. Es überkommt mich Fürchten und Zagen, / und Schauer erfaßt mich. / Ich sage: Hätte ich doch die Flügel der Taube, / ich flöge auf und käme zur Ruh. / Ja, entfliehen wollte ich, weit von hier.

Ich sitze rechts in der Mitte. »Schaut alle nach unten«, sage ich, »sucht euch Gegenstände am Boden aus, die symbolisch die Ängste und Gebundenheiten eures Lebens ausdrücken und denen ihr entkommen müßt. Bringt außerdem diese Gegenstände mit den sieben dämonischen Engelmächten in Verbindung.«

Gruppendynamik im Flugzeug. Wird das funktionieren?

»Versucht, eine meditative Grundhaltung einzunehmen, steigt tief in euch selber hinein.«

Ruhige Kreise über dem See fliegt die Maschine, und der Pilot hält sie so niedrig wie möglich. Jeder muß etwas finden – andernfalls wird er draußen bleiben, außerhalb des Experiments.

Langgezogen ist der See, aber nicht sehr breit; bei jedem Kreis haben wir für eine Weile auch Land unter uns.
Schnurgerade Schienen, ein Zug. Von oben gesehen, scheint er zu schleichen.
Das ist das auslösende Bild für Friedrich.
»Mein Leben war immer …«, beginnt er.
»Symbolisch reden«, mahne ich, »erzähl einen Mythos. Spinn dich in eine Überwirklichkeit hinein.«
Es gelingt ihm, wir bekommen so etwas wie einen Traumbericht zu hören. Ich schaue den Mann an, klebe an seinem Gesicht, an seinen geschlossenen Augen, habe den Eindruck, er redet sich in Trance; vielleicht ist das leise Dröhnen des Flugzeugs dafür mitverantwortlich – es wirkt einschläfernd und macht aus jedem Satz, der gesagt wird, einen eigentümlichen Singsang.
Allmählich verwandelt sich alles unter uns in eine symbolische Bilderwelt. Stromleitungen werden zu riesigen Spinnweben, in denen Menschen sich verfangen, Lastkähne auf dem See zu Totenbarken, Bagger und Baumaschinen zu angreifenden Tieren … Jede Erzählung überbietet die vorangehende an Einbildungskraft.
Wo steigern wir uns da hinein?

»Eine erschreckende Eigenschaft mythologischen Denkens ist seine Kraft, entsprechende Erfahrungen hervorzubringen.« (Morton Smith)

Und dann fangen sie an, leibhaftig die dämonischen Engel zu sehen. Ich fasse mich an den Kopf, Gerda behauptet steif und fest, jenes Gebilde dort unten, das ich für einen Felsen halten würde, sei Astaphaios.
Mehrere nicken.
Beatrice kreischt auf, sie hat Jao gesehen, das Schlangengesicht mit sieben Köpfen, einen Moment lang. Bleich ist

die Frau davon geworden, und ihre Lippen haben angefangen zu beben.
Was richte ich bei den Leuten an? Oh, Angelika, niemals hättest du für deine Doktorarbeit ein solches Thema wählen dürfen! Ich stehe auf, will nach hinten in die Toilette gehen, einen Schluck Wasser trinken.
Ich kann nur zwei oder drei Schritte tun, dann sehe ich es. Im Flugzeug. Adoni, das Affengesicht. Es grinst mich spöttisch an. Versperrt mir den Weg. Ich will schreien, aber meine Stimme versagt ihren Dienst. Ich torkle, Männerarme fangen mich auf, die von Peter. Er bringt mich zu meinem Platz zurück. »Laß mich nicht allein«, flüstere ich, »setz dich neben mich.« Der Sitz ist zu eng. Er nimmt mich auf den Schoß, ich spüre ihn zu dicht an mir, will ihn aber nicht wegschicken, hätte ohne ihn fürchterliche Angst.
Es ist Zeit für die nächste Flugphase. Der auswendig gelernte Satz wird abgespult: »Formuliert nun alle euren Wunsch nach Loskommen, nach Aufstieg; schreit ihn förmlich aus euch heraus.«
Ich selber bin die erste, die schreit.
Das Flugzeug reagiert sofort, es schraubt sich in die Höhe. Und meine Angst wird schwächer. Peter kann ich jetzt entlassen, er geht nur unwillig, und ich spüre seine Hitze weiterhin an der Unterseite meiner Schenkel.
Der Zugewinn an Höhe hat auch auf andere eine erleichternde Wirkung. Das Gesicht von Beatrice bekommt seine Farbe zurück, ihre Lippen beben nicht mehr; Gerda hat sich in ihrem Sitz entspannt nach hinten gelehnt.
Ich schließe die Augen. Einige Momente klaren Denkens. Habe ich bei der Vorbereitungsarbeit für die Flüge nicht Situationen wie diese vorausgesehen? Gehören sie nicht zu meinem Plan? Lektüre von Gustave Le Bon, Psychologie der Massen …

»Die Masse denkt in Bildern, und das hervorgerufene Bild löst eine Folge anderer Bilder aus, ohne jeden logischen Zusammenhang mit dem ersten. Diesen Zustand verstehen wir leicht, wenn wir bedenken, welche sonderbaren Vorstellungsreihen zuweilen ein Erlebnis in uns hervorruft. Die Vernunft beweist die Zusammenhanglosigkeit dieser Bilder, aber die Masse beachtet sie nicht und vermengt die Zusätze ihrer entstellenden Phantasie mit dem Ereignis. Die Masse ist unfähig, das Persönliche von dem Sachlichen zu unterscheiden. Sie nimmt die Bilder, die in ihrem Bewußtsein auftauchen und sehr oft nur eine entfernte Ähnlichkeit mit der beobachteten Tatsache haben, für Wirklichkeit.

Eine Kollektivhalluzination: Die Fregatte ›La Belle-Poule‹ kreuzte auf See, um die Korvette ›Le Berceau‹ wiederzufinden, von der sie durch einen heftigen Orkan getrennt worden war. Es war am hellen, lichten Tage. Plötzlich signalisiert die Wache ein Schiff in Seenot. Die Mannschaft richtet ihre Blicke auf die bezeichnete Stelle, und alle, Offiziere und Matrosen, sehen deutlich ein menschenbeladenes Wrack, welches von kleinen Fahrzeugen, auf denen Notsignale flatterten, geschleppt wurde. Admiral Desfossés ließ ein Boot bemannen, um den Schiffbrüchigen zu Hilfe zu eilen. Während sie sich näherten, sahen die im Boot befindlichen Matrosen und Offiziere ›Massen von Menschen sich hin und her bewegen, die Hände ausstrecken und vernahmen den dumpfen und verworrenen Lärm einer großen Anzahl Stimmen‹. Als das Boot angekommen war, fand man nichts weiter vor als einige mit Blättern bedeckte Baumäste, die sich von der benachbarten Küste losgerissen hatten.

Dieses Beispiel enthüllt ganz klar den Verlauf der Kollektivtäuschungen. Auf der einen Seite eine Masse im Zustand gespannter Aufmerksamkeit; auf der andern eine Suggestion, die von der Wache ausgeht, die ein schiffbrüchiges Fahrzeug auf dem Meer signalisiert, eine Suggestion, die durch Übertragung von allen Anwesenden, Offizieren wie Matrosen, aufgenommen wird.

Eine Masse braucht nicht zahlreich zu sein, um die Fähigkeit richtigen Sehens zu verlieren und die wirklichen Tatsachen durch davon abweichende Täuschungen zu ersetzen. Die Versammlung einiger einzelner bildet eine Masse; und selbst wenn es hervorragende Gelehrte wären, so würden sie doch alle für die Dinge, die außerhalb ihres Faches liegen, die Massenkennzeichen annehmen. Das Beobachtungsvermögen und der kritische Geist eines jeden von ihnen schwinden sofort.«

»Er verfolgt uns, er kann fliegen!« Wieder eine kreischende Stimme, aber dieses Mal nicht die von Beatrice, sondern die von Peter.

Er sieht neben dem Flugzeug Adonaios, das Drachengesicht. Die anderen sehen es auch. Franziska liefert eine genaue Beschreibung.

Gustave Le Bon, Psychologie der Massen, Kollektivhalluzinationen.

Ich begebe mich auf die linke Seite des Flugzeugs, will es genau wissen, drücke mir die Nase an der Scheibe platt. Auf dem Schoß von Hedwig stütze ich mich ab.

Ein fürchterlicher Schreck durchfährt mich, Adonaios ist wirklich da. So wirklich wie Hedwig. Ich sinke in deren Arme, berge mich an ihrer Brust.

»Abschütteln!« ruft Peter. »Warum fliegt der Pilot nicht schneller?«

Die Tür zum Cockpit steht offen, unser Flugkapitän bekommt das Gruppengeschehen unmittelbar mit. Er beginnt sofort einen Zickzackflug, reißt die Maschine in raschem Wechsel nach rechts und links.

»Das Biest bleibt zurück!« Dieser Jubelruf kam von Wolfgang. Er sitzt direkt vor mir, ich sehe, wie er seiner Nachbarin rechts, Franziska, in die Arme fällt und mit ihr – aus lauter Glück über die Rettung – Küsse austauscht. Anderswo – vor mir, hinter mir – wird dasselbe getan.

Sie haben alle den Verstand verloren. Raus will ich, raus aus diesem fliegenden Irrenhaus! Ich trommle gegen die Flugzeugwand.

Peters starke Arme greifen nach mir: »Hab keine Angst, Angelika, die Gefahr ist vorüber.«

Beruhigung bei einer Ode, Klaus hat sie angestimmt. »Psychodelische Wirkungen religiöser Lieder ...«, will ich denken, aber mein Kopf ist schwer, so schwer ... Ich singe mit, das geht. Preise mein göttliches Selbst, danke für die Errettung aus schwerer Gefahr.
Die Landung: ein Erwachen wie aus einem Traum. Friedrich, Gregor, Helmut, Hedwig, Carola: Sagt mir, daß ihr nur Theater gespielt habt.
Sie sagen es nicht. Ich habe auch nicht gefragt.
Gustave Le Bon, Psychologie der Massen, Kollektivhalluzinationen.
Ich habe Adoni, das Affengesicht, wirklich gesehen. Und Adonaios, das Drachengesicht, ebenfalls.
Jaldabaoth persönlich ist uns noch nicht begegnet. Aber ich spüre ihn jetzt überall. Auch in mir selber.

Warnung vor Kubitzki. Fred konnte es nicht lassen, er hatte mich von der Schweiz aus angerufen. Ich solle den Kontakt mit dem Mann abbrechen. Er, Fred, habe das ungute Gefühl, daß mit meinem »Experiment« etwas nicht stimme, daß Verderben auf mich lauere.
Meine übliche Abwehr: »Fred, du bist eifersüchtig. Du kannst nicht ertragen, daß ich ...«
»Wer ist es eigentlich, der für die Sache bezahlt, Angelika? Woher kommt das Geld?«
Der nächtliche Besuch bei Kubitzki, die ältere, vornehm angezogene Dame, der Scheck! Weshalb hatte ich das noch nicht in Zusammenhang mit dem Experiment gebracht?
»Fred, ruf in einer Viertelstunde wieder an«, bat ich, »ich muß hier dringend etwas erledigen.«
Es war Mittagspause, ein anstrengender Morgen lag hinter uns. Kubitzki hatte uns in das Philippusevangelium eingeführt. Und hinterher einen Vorschlag gemacht, auf den hin

mir und einigen anderen Frauen die Röte ins Gesicht geschossen war …

Im Codex II der Nag-Hammadi-Bibliothek folgt auf das Thomasevangelium (Traktat 2) unmittelbar das Philippusevangelium (Traktat 3). Das Philippusevangelium hat nicht eine solche Berühmtheit erlangt wie das Thomasevangelium, ist aber gleichwohl einer der wichtigsten Texte der Bibliothek. Mit dem Thomasevangelium hat es gewisse äußere Ähnlichkeiten, aber es ist viel stärker auf eine theologische Mitte hin komponiert. Besonders reizvoll am Philippusevangelium ist seine textpragmatische Wirkung: Es spielt über seine Kompositionstechnik mit dem Leser ein Verwirrspiel, aber nicht, um ihn zu necken oder zu ärgern, sondern um auf diese Weise seine Soteriologie zu vermitteln, die nämlich eine »Verwirrung« herkömmlicher Vorstellungen über Erlösung voraussetzt. Wenn man in das System des Philippusevangeliums »einsteigt«, wenn man von »innen her« denkt, ist die Verwirrung überwunden.

Das Erlösungswerk Jesu Christi wird im Philippusevangelium folgendermaßen aufgefaßt: »Hätte die Frau sich nicht vom Mann getrennt, wäre sie nicht zusammen mit dem Mann gestorben. Die Trennung von ihm ist zum Ursprung des Todes geworden. Deswegen ist Christus gekommen, um die Trennung, die von Anfang an bestand, zu beseitigen und sie beide wieder zu vereinigen." (Spruch 78)

Von dieser Christologie aus, in der es um »Vereinigung« geht, läuft die Linie zum Sakramentsverständnis des Philippusevangeliums. Im Sakrament wird der Mythos der Vereinigung kultisch nachvollzogen, wird Heil, wird Erlösung vermittelt. Die Sakramentstheologie, die die Mitte der Theologie des Philippusevangeliums bildet, ist somit Soteriologie.

Die Sakramente des Philippusevangeliums werden in Spruch 68 genannt: »Der Herr vollbrachte alles im Mysterium: Taufe, Salbung, Eucharistie, Erlösung und Brautgemach.« Aufgezählt sind die Sakramente offenbar gemäß einer Rangfolge: Den geringsten Wert hat die Taufe, den größten das »Brautgemach«. Begründen läßt sich diese Vermutung damit, daß das Sakrament des Brautgemachs immer wieder angesprochen wird, daß die ganze Soteriologie entscheidend an ihm hängt.

Mit seiner Betonung der Sakramente dokumentiert das Philippusevangelium einen Zug der Gnosis, der sonst nicht gut belegt ist. Nicht unbedingt nur durch einen Erkenntnisakt als solchen wird in der Gnosis Heil vermittelt, der Erkenntnisakt kann von einem dramatischen, rituellen Erleben der zu erkennenden Sachverhalte begleitet sein.

Genauer gezeigt werden soll das für das wichtigste Sakrament, das »Brautgemach«. Greifen wir noch einmal auf Spruch 78 zurück und auf die Feststellung, die Vereinigung, von der dieser Spruch handelt, werde im Sakrament kultisch nachvollzogen. Das läßt sich folgendermaßen näher erläutern: Mit der Trennung zwischen Eva und Adam war eine ursprüngliche Einheit zerbrochen. Christus ist gekommen, um diesen Bruch zu heilen, um »Adam« und »Eva« wieder zu vereinigen. Durch Christus wird eine »Hochzeit« zwischen dem Menschen und seinem himmlischen Urbild zustande gebracht, wodurch der Mensch Leben und Unsterblichkeit vermittelt bekommt. Gefeiert wird dieses Mysterium im Sakrament des Brautgemachs.

Der Ritus als solcher ist nicht mehr zu rekonstruieren. Klar ist jedoch die religionsgeschichtliche Ableitung: Die Vorstellung eines hieros gamos, einer heiligen Hochzeit, ist in der griechischen und orientalischen Mythologie häufig belegt und ist konstitutiv auch für das biblische Denken (im Alten Testament wird die Beziehung zwischen Jahwe und Volk des öfteren mit dem Bild der Ehe beschrieben, im Neuen Testament sind Stellen wie Eph 5, 21-33 und Offb 19, 7-8 zu vergleichen). In der gnostischen Interpretation dieser Metaphorik, wie sie im Philippusevangelium vorliegt, geht es um die Beziehung zwischen der Seele und ihrem göttlichen, himmlischen Pneuma, dargestellt durch die Beziehung zwischen Eva und Adam. Die Seele muß zu ihrem Ehegatten zurückfinden, sie muß die Gefangenschaft in der Materie überwinden und eingehen ins Pleroma, um auf diese Weise die ursprüngliche, aber verlorengegangene Einheit wiederzuerlangen. Gebunden an die Materie, ist der Gnostiker lediglich Abbild, Spiegelbild seiner selbst; er ist darauf angewiesen, sein pneumatisches Urbild wiederzufinden, andernfalls bleibt sein Leben ein Schatten, ein Traum, angreifbar durch die Archonten dieser Welt, deren Macht gebrochen ist, wenn im Brautgemach die Syzygie stattfand.

Wir hatten fasziniert zugehört. Die Diskussion wurde dementsprechend lebhaft, Kubitzki mußte auf viele Fragen antworten.
Und dann machte er den Vorschlag – mit mir nicht abgesprochen –, wir könnten das Sakrament des Brautgemachs, der Vereinigung, in unserer Gruppe nachvollziehen.
Ich wußte sofort, was er meinte. Die anderen begriffen es nur nach und nach.
Ritueller Geschlechtsverkehr. Darstellung der Vereinigung des Menschen mit seinem himmlischen Urbild durch den körperlichen Liebesakt.
Kubitzki wartete unsere Gruppenentscheidung nicht ab, er verabschiedete sich vorher. Und dann ging die Diskussion los, mit Pro und Contra. Das ganze Mittagessen über lief der Streit weiter, an allen Tischen redete man sich die Köpfe heiß. Meine Stimme – meine ablehnende Stimme – war nur eine unter vielen, keineswegs die maßgebliche.

Weshalb hatte ich das Telefonat mit Fred unterbrochen? Ach ja, ich wollte eine Berechnung anstellen.
Die Summe auf dem Scheck, der mir in Kubitzkis Vorgarten vor die Füße geflattert war: 44.500 Mark.
Die Kosten für Unterbringung und Verpflegung im Schloß: 21.168 Mark. Davon die Hälfte von den Veranstaltern zu tragen: 10. 584 Mark.
Die Kosten für das Flugzeug (ohne Berücksichtigung des Rabatts, den Kubitzki herausgehandelt hatte): 33.916 Mark.
10.584 + 33.916 = 44.500.
Wer die Kosten für mein Experiment trug, das war jene ältere, vornehm angezogene Dame, die sich nachts mit Kubitzki getroffen hatte!

Pünktlich nach einer Viertelstunde war Fred wieder am Apparat. Ich hatte mir das Telefongespräch nach oben in mein Zimmer legen lassen, wo ich mich aufs Bett ausgestreckt hatte. Völlig verwirrt war ich und spürte eine unbestimmte Angst aufsteigen.
Fred hatte mir noch Weiteres zu Kubitzki zu sagen. »Wußtest du eigentlich, Angelika, daß der Mann auf einer Stiftungsprofessur sitzt?«
»Auf einer Stiftungsprofessur?«
»Nur so kam eure Abteilung überhaupt an einen Religionspsychologen. Er wurde ihr förmlich aufgenötigt. Eine reiche Fabrikantenwitwe, esoterisch angehaucht, war der Meinung, die deutsche akademische Psychologie müsse sich endlich auch der Religion annehmen. Es gibt außer bei uns an keiner Abteilung für Psychologie einer deutschen Universität einen Lehrstuhl für Religionspsychologie. Ich habe damals die Einrichtung der Professur und Kubitzkis Berufung nur am Rande verfolgt, die Sache ging mich ja nichts an, und die Einzelheiten waren aus meinem Gedächtnis verschwunden. Aber jetzt, wo du dem Mann so nahe kommst, fällt mir einiges wieder ein. Die Einrichtung der Professur war auf erheblichen Widerstand gestoßen: Religionspsychologie, wie sie bisher in Deutschland betrieben worden ist, gilt nämlich nicht als wissenschaftlich genug. Mit der Berufung eines ›Religionspsychologen‹ stünde man vor anderen Universitäten völlig blamiert da, hatten einige Kollegen gemeint. Aber dann hat sich die Meinung durchgesetzt, ein Geschenk solle man nicht ablehnen. So wurde die Stiftungsprofessur schließlich doch realisiert, und wer sie bekam, war eben Kubitzki. Doch die Kollegen haben ihn von Anfang an mißtrauisch beäugt und nie richtig ernst genommen.«
»Seine Psychologie ist faszinierend!«

»Nicht wissenschaftlich genug, Angelika, nicht wissenschaftlich genug. Psychologie, die an der Universität gelehrt wird, ist Experimentalpsychologie.«
»Meine religionspsychologische Doktorarbeit wird auf einem Experiment basieren, Fred.«
Schweigen am anderen Ende der Leitung, Fred dachte offenbar nach. Dann meinte er: »Möglicherweise will sich Kubitzki über dein Experiment selber profilieren. Vielleicht möchte er auf diese Weise zeigen, daß seine Psychologie wissenschaftlichen Ansprüchen genügt.«
»Wäre ein solches Anliegen schlimm?«
»Nein, natürlich nicht. Auf mich fällt durch meine Doktoranden auch Glanz mit ab.«
»Nun, dann ist ja mit meinem Experiment alles in Ordnung. Warum soll mich Kubitzki im Kampf um seine wissenschaftliche Reputation nicht ein Stück weit ›benutzen‹ dürfen? Auch ich profitiere doch von ihm.«
»Noch etwas, Angelika. Der Mann steht und fällt mit seiner jetzigen Stelle, was man von anderen Professoren so nicht sagen kann. Für Kubitzki gibt es nämlich nirgendwo sonst eine Arbeitsmöglichkeit. Denk an das, was ich eben gesagt habe: Keine weitere deutsche Universität ...«
Endlich fiel mir noch etwas zum Kontern ein: »In Amerika ist Religionspsychologie eine anerkannte akademische Wissenschaft, Fred. Keiner würde dort auf den Gedanken kommen, dieses Fach ...«
»Wir leben in Deutschland, Angelika. Hier sind die Entwicklungen anders gelaufen.«
Noch eine Weile ging das Geplänkel hin und her, dann rückte Fred mit dem Wunsch heraus, mich besuchen zu dürfen. Morgen schon. Er müsse überraschend zu einer Sondersitzung in die Universität und wolle mich bei dieser Gelegenheit gern sehen.

Nein, das ging nicht. Er handelte sich eine glatte Absage ein. Als das Telefongespräch beendet war, hatte ich plötzlich den Eindruck, im Zimmer nicht mehr alleine zu sein. Wer war mit hier? Sabbataios, das leuchtende Flammengesicht? Adoni, das Affengesicht? Adonaios, das Drachengesicht? Oder Jaldabaoth selber?
Ich griff zum Telefon, wählte Freds Nummer. »Komm«, flüsterte ich. »Ich brauche dich jetzt hier.«

Am Abend die Beschlußfassung in der Gruppe. Im Festsaal sitzen wir, die Stühle sind zum Halbkreis angeordnet wie bei den Vorträgen. Ich möchte die anderen nicht sehen, schaue an ihnen vorbei, finde sie aber in den Wandspiegeln wieder.
Noch einmal wird diskutiert, dann abgestimmt, namentlich. 11 Stimmen für Kubitzkis Vorschlag, 10 dagegen.
Wer dagegen ist, wird trotzdem mitmachen. Schließlich sind wir eine Gruppe.
Ich habe von allen Frauen ein Nein erwartet. Aber etwa die Hälfte hat mit Ja gestimmt. Hedwig ist dafür gewesen, Franziska dagegen; Gerda dafür, Carola dagegen …
Hat der Beschluß nicht auch etwas Gutes? Zeigt er nicht, daß wir auf dem Weg zur Sekte enorme Fortschritte gemacht haben?
Wann und wie will man es machen? Oben im Flugzeug, bei unserem letzten Flug, am Samstag.
Bei unserem letzten Flug? Für den der Höhepunkt des Experiments vorgesehen ist, die Einwilligung zum kollektiven Selbstmord mit anschließender Aufklärung?
Fred, gut, daß du bald erscheinst, die Sache wächst mir über den Kopf. Komm mit deiner analytischen Urteilskraft, deinem nüchternen Verstand. Sag mir, wie es jetzt weitergehen soll.

Fred behandelt mich, als ob ich seine eigene Doktorandin wäre. Bitteschön, Herr Professor, das und das habe ich bisher gemacht. War es richtig so?
Ja, es war richtig. Fred hört genau hin, läßt sich alles bis in die Einzelheiten hinein erklären. Und kommt zu dem Schluß, daß die Sache nicht schlecht gelaufen ist.
Spätnachmittag. Wir sitzen auf der Terrasse des Schloßrestaurants vor Kaffee und Kuchen, sind die einzigen Gäste, alle anderen aus der Gruppe nutzen die freien Stunden aus, um eine Wanderung zu machen.
Fred schaut sich meine Aufzeichnungen an, ich habe alles, was geschehen ist, protokolliert: Kubitzkis Vorträge, meine Interventionen, die Reaktionen der Gruppe, mein eigenes Erleben. Über jede einzelne Teilnehmerin und jeden einzelnen Teilnehmer ist eine Akte angelegt, auch über mich. Auf alle nur denkbaren Fragen kann ich Antwort geben: Wann habe ich bei wem Hyperventilation oder Zungenreden hervorgerufen? Wann haben wir meditiert und mit welchem Ergebnis? Wie war Peters Reaktion auf die Oden? Und so fort, und so fort.
Ich werde erneut gelobt. Und weiß, daß Fred es ernst meint. Er ist jetzt ganz Hochschullehrer, und in dieser Rolle verteilt er Komplimente nur dann, wenn die Studentin oder der Student sie wirklich verdient haben. Er gilt als sehr streng.
Ich fange an, den bisherigen Verlauf des Experiments mit anderen Augen zu sehen. Ich bin auf einem guten Weg.
Aber dann kommt der Einbruch. »Die Sache zum geplanten Abschluß zu bringen, schaffe ich nicht, Fred. Es stimmt, daß ich Gruppenphänomene erzeugt habe, die ›sektenhaft‹ sind. Aber zwischen diesen Phänomenen und dem Hurra-Schreien, mit dem der vorgeschlagene kollektive Selbstmord begrüßt werden soll, liegen Welten.«

Nein. Das sieht Fred nicht so. Und wieder weiß ich, daß er es ernst meint, daß er mich nicht nur trösten will.
»Dann sage ich es anders, Fred: Ich, Angelika, bin unfähig, Hedwig, Franziska, Peter, und wie sie alle heißen, weiter nach vorne zu treiben. Außerdem ...«
»Außerdem was?«
Ich spreche über die Heilige Hochzeit, die Kubitzki uns aufgeschwatzt hat. Selbst vor Fred steigt mir die Röte ins Gesicht, wenn ich an die Sache denke. Durch diese Heilige Hochzeit werde alles noch viel komplizierter, sage ich. Von der Unanständigkeit ganz zu schweigen. »Was da beim letzten, entscheidenden Flug alles vor sich gehen soll – ich kann es mir nicht vorstellen, kann es mit Sicherheit auch nicht meistern.«
Er wird wärmer, verläßt die Professorenrolle, muntert mich auf, tröstet mich.
Die Gruppe kommt zurück. Sie waren alle zusammengeblieben, lachen, scherzen, begrüßen uns, setzen sich an die Tische.
Ich sage nicht, wer Fred ist, stelle ihn nur als einen Bekannten vor. Man respektiert, daß wir im Gespräch sind, läßt uns allein.
Ich bemerke, wie in Freds Augen ein Glänzen kommt. Er geht die Frauen durch, mustert jede ganz genau.
Ich zahle unsere Rechnung, stehe auf, ziehe Fred mit mir fort. Aber nur bis zu der kleinen Mauer kommen wir, welche die Terrasse zu den Weinbergen hin abgrenzt. Er setzt sich auf diese Mauer, sein Blick wandert wieder von Frau zu Frau. Sogar Hedwig läßt er nicht aus.
»Sie ist 66 Jahre alt, Fred.«
Er macht eine anzügliche Bemerkung, dann nimmt er Franziska ins Visier. Ich weiß, daß er sie in Gedanken auszieht. Und mit Gerda, mit Beatrice tut er dasselbe.

Dann sagt er, er werde mich am Samstag auf dem entscheidenden Flug ersetzen; er werde es sein, der das Experiment zum Abschluß bringt.
Ich habe ihn endlich von der Mauer wegbekommen, spaziere mit ihm durch die Weinberge.
Je weiter wir von den Frauen fortgehen, desto nüchterner wird wieder sein Verstand. »Deine Doktorarbeit muß deine wissenschaftliche Leistung bleiben«, meint er. »Wir dürfen nicht mogeln, das ginge gegen mein Berufsethos. Aber es ist erlaubt, daß man dir bei der Ausführung des Experiments hilft. Nichts anderes macht ja auch Kubitzki, wenn er Vorträge hält. Und nimm Karin: Auf der Grabungsstelle, mit der sie promoviert hat, haben natürlich noch andere gebuddelt als sie selber. Aber sie hat die Ideen gegeben. Und sie hat nachher alles systematisch zusammengefaßt.«
Oh ja, Fred könnte das Experiment zum gewünschten Abschluß bringen.
Daran habe ich keinen Zweifel.
»Ich werde als Jaldabaoth ins Flugzeug steigen.«
Ich schaue ihn von der Seite her an, stolpere, in meinen Beinen ist einen Augenblick lang keine Kraft mehr gewesen.
»Als Jaldabaoth?«
»Wir müssen das Drehbuch ein wenig umschreiben, aber das wird gehen. Die Elemente, auf die es dir ankommt, werden dieselben bleiben: Ich werde der Gruppe noch einmal eure gnostische Mythologie präsentieren, werde ihr den Plastiksprengstoff zeigen – der natürlich Imitation ist – und das Ja zum kollektiven Selbstmord, zum ›Aufbruch in die Lichtwelt‹, einfordern. Die Aufklärung der Gruppe geschieht dann durch dich am Boden.«
Ich weiß nicht, wie Fred die Aufgabe im einzelnen angehen will; aber ich weiß, daß er es schaffen wird.

Die Heilige Hochzeit darf mich jetzt nicht mehr beschäftigen; während wir langsam wieder zum Schloß emporsteigen, vertreibe ich sie mit aller Macht aus meinem Kopf. Fred und all die Frauen oben im Flugzeug in einer angeheizten Atmosphäre ... Nein, es ist nicht gut, darüber nachzudenken, mein Experiment steht auf dem Spiel, es tritt in die entscheidende Phase ein. Ich habe mich als zu schwach erwiesen, Fred springt für mich ein, er wird mit seinen Fähigkeiten alles in die richtige Richtung lenken. Allein das zählt jetzt, sonst nichts.

Er holt mich aus meinen Gedanken: »Du hast bis zum Samstag noch viel zu tun, Angelika. Mach deine Arbeit korrekt weiter wie bisher. Knete die Gruppe weich, mach sie empfänglich. Hast du noch andere verführerische Texte, die du heranziehen kannst?«

»Das Perlenlied der Thomasakten«, murmele ich.

»Ich kenne es nicht, aber du wirst es mit Kubitzki geprüft haben. Streng dich an, Angelika, mach jetzt nicht schlapp. Und am Samstag, wenn es um die Entscheidung geht, bin ich da.«

Ich bleibe stehen, ziehe seinen Kopf zu mir herunter, drücke ihm einen Kuß auf die Stirn.

Wie seine archäologische Arbeit vorangehe, will ich noch wissen. Wir stehen schon am Parkplatz vor seinem Auto.

Interessante Entwicklungen sind eingetreten. Fred hat die Sache mit den verschwundenen Skeletten in der Tat der Presse mitgeteilt. Diese hat allerdings versprechen müssen, zur Zeit alles noch vertraulich zu behandeln. »Aber sie stellen Nachforschungen an, Angelika. Und sie haben mir gesagt, sie hätten eine heiße Spur!«

Ich dränge Fred weiterzuerzählen. Aber er weiß nicht mehr.

Doch er hat noch eine andere Nachricht: Er ist dem Leiter

der Sekte begegnet. »Ein noch junger Mann ist das, sehr sympathisch. Er strahlte mich an, redete allerdings nur Unsinn und versuchte, mich zu bekehren.«
»Berichte mir mehr von dem Typ.«
»Was willst du wissen? Wie er aussah? Freundliches Gesicht, keine Besonderheiten. Doch, warte mal, laß mich nachdenken. Eine kleine Unregelmäßigkeit, nicht weiter störend, aber als der Mann ganz dicht an mich herantrat, fiel sie mir gleichwohl auf: Seine Augen liegen nicht auf genau gleicher Höhe, das linke ist – mitsamt dem Stirnhöcker – ein klein bißchen nach oben verschoben.«

Bei den Thomasakten handelt es sich um eine gnostisch geprägte apokryphe Apostelgeschichte, entstanden in Syrien im frühen 3. Jahrhundert. Die Erzählung beginnt damit, daß der Apostel Thomas als Missionsgebiet Indien zugewiesen bekommt. Da er sich weigert, dorthin zu gehen, wird er von Christus an einen indischen Kaufmann als Sklave verkauft. Der Kaufmann nimmt Thomas mit nach Indien, und dort wird der Apostel Prediger und Wundervollbringer, um schließlich das Martyrium zu erleiden. Eingeteilt ist das Wirken des Thomas in dreizehn Taten. Die ersten sechs stehen im Text jeweils für sich alleine, ab der siebten beginnt eine stärker geschlossene literarische Komposition. Äußerlich unterscheiden sich die berichteten Episoden nicht von denen der anderen apokryphen Apostelgeschichten, das bekannte Inventar an Motiven findet Verwendung: Tote werden auferweckt, Frauen und Männer entschließen sich zur Keuschheit, Tiere treten vernünftig handelnd auf. Doch hat die gesamte Erzählung einen eigentümlich hintergründigen, schillernden Charakter.
Eingestreut in die Handlung finden sich liturgische Texte, Predigten und Hymnen. Von diesen Stücken sind das Hochzeitslied und das Perlenlied theologisch am wichtigsten; hier wird die gnostische Soteriologie am eindrücklichsten formuliert.

Ich konnte mich auf den Vortrag nicht konzentrieren, denn Kubitzki hatte einen Gast mitgebracht, der meine volle Aufmerksamkeit auf sich zog.

Um eine ältere, vornehm angezogene Dame handelte es sich. Heute trug sie kein italienisches Jäckchen, sondern nur eine feine Bluse; aber wieder war sie mit teurem Schmuck behängt.
Die Stifterin von Kubitzkis Professur. Als Frau Dr. Reimann hatte er sie vorgestellt und gesagt, sie interessiere sich sehr für das, was wir hier machen. Ob sie an der heutigen Vormittagsveranstaltung teilnehmen dürfe.
Aber natürlich, Gäste sind willkommen.

Das berühmteste Stück der Thomasakten ist das Lied von der Perle. Thomas trägt es im Gefängnis seinen Mitgefangenen vor. Diese szenische Einkleidung korrespondiert mit der Aussage des Liedes: Es geht um Befreiung aus Gefangenschaft. Stilisiert ist das Lied von der Perle als Bericht eines Königssohns:

»Als ich ein kleines Kind war
Und im Reiche, dem Hause meines Vaters, wohnte
Und am Reichtum und der Pracht
Meiner Erzieher mich ergötzte,
Sandten mich meine Eltern aus dem Osten, unserer Heimat,
Mit einer Wegzehrung fort.«

Für seine Reise wird der Königssohn bestens ausgestattet und mit allem versorgt, zurücklassen muß er allerdings sein Strahlenkleid. Dann bekommt er seinen Auftrag genannt:

»Wenn du nach Ägypten hinabsteigst
Und die eine Perle bringst,
Die im Meer ist,
Das der schnaubende Drache umringt,
Sollst du dein Strahlenkleid wieder anziehen
Und deine Toga, die darüber liegt,
Und mit deinem Bruder, unserm Zweiten,
Erbe in unserem Reiche werden.»

In Ägypten angelangt, vergißt der Königssohn seine Herkunft und seinen Auftrag und dient dem fremden König. Davon erhalten die Eltern des Königssohns Kunde.

»Und sie faßten einen Beschluß über mich,
Daß ich nicht in Ägypten gelassen werde,
Und sie schrieben mir einen Brief,
Und jeder Große setzte seinen Namen darauf:
›Von deinem Vater, dem König der Könige,
Und deiner Mutter, der Herrscherin des Ostens,
Und von deinem Bruder, unserem Zweiten,
Dir, unserem Sohn in Ägypten, Gruß!
Erwach und steh auf von deinem Schlaf,
Und vernimm die Worte unseres Briefes.
Erinnere dich, daß du ein Königssohn bist.
Sieh die Knechtschaft: wem du dienst.
Gedenke der Perle,
Derentwegen du nach Ägypten gegangen bist.
Erinnere dich deines Strahlenkleides,
Gedenke deiner herrlichen Toga.‹«

Der Brief erreicht den Königssohn in Gestalt eines Adlers:

»Er flog und ließ sich nieder neben mir
Und wurde ganz Rede.
Bei seiner Stimme und der Stimme seines Rauschens
Erwachte ich und stand auf von meinem Schlaf,
Nahm ihn und küßte ihn,
Und ich löste sein Siegel und las.
Und ganz wie es in meinem Herzen stand,
Waren die Worte meines Briefes geschrieben.
Ich gedachte, daß ich ein Königssohn sei
Und meine Freiheit nach ihrer Natur verlange.
Ich gedachte der Perle,
Derentwegen ich nach Ägypten gesandt ward,
Und ich begann zu bezaubern
Den schrecklichen und schnaubenden Drachen.
Ich brachte ihn in Schlummer und Schlaf,
Indem ich den Namen meines Vaters über ihm nannte

Und den Namen unseres Zweiten,
Und den meiner Mutter, der Königin des Ostens,
Und ich erhaschte die Perle
Und kehrte um, um mich nach meinem Vaterhaus zu wenden.«

Als der Königssohn sein Strahlenkleid zurückerhält, kommt es zu einem eigentümlichen Erkenntnisprozeß:

»Wohl erinnerte ich mich nicht mehr seiner Würde,
Weil ich es in meiner Kindheit in meinem Vaterhaus gelassen hatte,
Doch plötzlich, als ich es mir gegenüber sah,
Wurde das Strahlenkleid ähnlich meinem Spiegelbild mir gleich;
Ich sah es ganz in mir,
Und in ihm sah ich mich auch mir ganz gegenüber,
So daß wir Zwei waren in Geschiedenheit
Und wieder Eins in einer Gestalt.«

Erneut hatte Kubitzki den Text in Fotokopie für alle Teilnehmer dabei. Aber erst nachdem er ihn selber vorgetragen hatte, teilte er ihn aus. Sobald ich ihn in den Händen hielt, las ich noch einmal, las, las ... Was Kubitzki weiter sagte, bekam ich nicht mehr mit, nur der Text beschäftigte mich. Ganz zum Schluß des Vortrags hörte ich allerdings noch einmal hin.

Die neue Identität hat Geschenkcharakter (der Königssohn bekommt das neue Gewand von seinen Eltern zugeeignet). Freilich muß der Königssohn vorher etwas wagen, er muß seine Bestimmung erfüllen. Das Schicksal des Königssohns zeigt, daß die Reise zu sich selbst ein Risiko ist, daß sie Mut und Entschlossenheit erfordert; und es zeigt auch, daß letztlich alles Gnade und Geschenk ist. Von besonderer Bedeutung ist die Feststellung des Königssohns, daß er von seinem Strahlenkleid geschieden ist und zugleich mit ihm identisch: »... So daß wir Zwei waren in Geschiedenheit / Und wieder Eins in einer Gestalt.« Seine neue Identität ist für den Königssohn überwältigend, unfaßbar. Er erlebt sich als gesteigert, verherrlicht, vergöttlicht – und nimmt sich dabei selber wahr aus der Perspektive der bisherigen eingeschränk-

ten, minderen Existenzform. Und gerade das führt zum Staunen über das Neue. Ohne die Doppelheit des Icherlebens wäre das Neue gar nicht wahrnehmbar, hätte es seinen Glanz nicht.

Allein sein und nachdenken wollte ich nach dem Vortrag, nicht mit der Gruppe zusammen diskutieren, mir nichts zerreden lassen.
Ich verließ den Raum, begab mich auf den Schloßhof mit den Kastanienbäumen, setzte mich an eines der runden Tischchen, schloß die Augen.
Die Zwangsneurose meldete sich. Auf den Parkplatz gehen, die Autos zählen.
Nächste Anweisung: Zu jener Bank dort vorne gehen, von wo man eine gute Aussicht hat, und die Häuser des Dorfes unten im Tal zählen.
Ich bäumte mich auf, handelte gegen die Anweisung, wandte mich zurück in Richtung Schloß. Aber etwas wie eine eiserne Faust griff nach mir, drehte mich um, schob mich zu der befohlenen Stelle.
Mit Tränen in den Augen zählte ich. 77 Häuser, bin ich jetzt wieder frei?
Ich war es nicht. Zum Schloßtor gehen, die Anzahl der Dachpfannen auf dem Eingangsgebäude feststellen.
197, 198 ... Ergeben in mein Schicksal, zählte ich mit halblauter Stimme vor mich hin.
»Führen Sie Selbstgespräche, Frau Rotebrück? Sie sind doch Frau Rotebrück, nicht wahr?«
Frau Dr. Reimann stand vor mir. Sie könne nicht bis zum Ende des Vormittags bleiben, sagte sie, ein Geschäftstermin müsse wahrgenommen werden.
»Ja, ich bin Frau Rotebrück. Und Sie sind die Stifterin von Herrn Kubitzkis Professur. Oder täusche ich mich da?«
Sie hüstelte dünn, machte eine abwehrende Handbewegung. »Ich möchte nicht, daß man davon redet. Für mich ist

die Angelegenheit ein selbstverständlicher Dienst an der Wissenschaft, geradezu eine Pflicht; meine Person soll im Hintergrund bleiben. Es gibt Stiftungsprofessuren, die fest mit dem Namen des Stifters verbunden sind – so etwas gefällt mir nicht. Ich handle lieber nach dem Bibelwort: ›Laß deine Linke nicht wissen, was deine Rechte tut.‹«

Sie hüstelte noch einmal, verzog das Gesicht zu einem maskenhaften Lächeln.

Und jetzt erst fiel mir die Unregelmäßigkeit auf: Ihre Augen – ihre kühlen, graublauen Augen – lagen nicht auf genau gleicher Höhe, das linke war – mitsamt dem Stirnhöcker – ein klein bißchen nach oben verschoben.

Eine schwere Limousine rollte an, der Chauffeur wollte aussteigen, um der Frau die Tür zu öffnen, aber sie hatte es eilig, stieg ohne Hilfe ein. Etwas steif war sie, etwas ungeschickt. Und verlor aus ihrer Handtasche, die nicht geschlossen gewesen war, ein Buch.

Das Auto setzte sich in Bewegung, ich hob das Buch auf, winkte mit ihm, wurde aber nicht bemerkt.

Robert Muth, Einführung in die griechische und römische Religion. Wie von selbst öffnete sich das Buch zwischen den Seiten 306 und 307, denn dort war ein Lesezeichen eingelegt.

Auf der Seite 306 sprang mir ein rot unterstrichener Satz ins Auge: »Einige Umstände weisen darauf hin, daß es bei den Römern sogar Menschenopfer gab, doch ist darüber Genaueres nicht auszumachen.«

Man hatte mein Winken offenbar doch gesehen; um die parkenden Autos herum rollte die schwere Limousine zurück.

Ich klappte das Buch zu, ließ die Hand, die es hielt, sinken, hatte aber am Buchrücken angefaßt und konnte so nicht verhindern, daß etwas herausfiel.

Eine lose eingelegte, dem Druckbild nach von woanders stammende Seite. Mit der Numerierung 267.
Schnell war die Seite wieder im Buch verschwunden, und da streckte sich auch schon eine Hand aus dem Autofenster, um es in Empfang zu nehmen. Ein flüchtiges Dankeschön hörte ich, dann war ich allein auf dem Schloßvorplatz.
Keine Zeit, um über das Erlebte nachzudenken, die Zwangshandlung wollte weitergeführt werden. 418 Dachpfannen, bin ich jetzt erlöst?
Vom Zählen: ja. Aber das Waschen kommt noch.
Ich warf mich nach dem Ritual in meinem Zimmer aufs Bett und heulte hemmungslos. Immer schlimmer wurden die Zwänge, wohin sollte das führen?
Ich schlief ein und träumte in wirren Bildern die ganze Geschichte des Perlenliedes nach, mit mir als Königstochter. Aber das Ende war anders. Der Adler nahm mich auf seine Schwingen und trug mich empor, immer höher, immer höher. Denn der Ort, an dem ich mein Strahlengewand anzuziehen hatte, an dem aus mir ein neuer Mensch werden sollte, war ganz weit oben, nahe der Sonne.
Als ich aufwachte, wußte ich, daß ich am Samstag doch mit ins Flugzeug mußte.
Es überkommt mich Fürchten und Zagen, / und Schauer erfaßt mich. / Ich sage: Hätte ich doch die Flügel der Taube, / ich flöge auf und käme zur Ruh. / Ja, entfliehen wollte ich, weit von hier. Turbo-Prop – jedes Triebwerk 1900 PS – unser bestes Stück – mein Adler – flieg, flieg – nimm mich mit dir, weit weg von hier. Der Sonne entgegen, immer näher an sie heran, immer näher.

V

Fred rief mich von der Universität Bern aus an. Seit drei Tagen arbeitete er von morgens früh bis abends spät in der Bibliothek, um sich auf den Flug am Samstag vorzubereiten. Er hatte die gnostischen Texte gelesen, stapelweise psychologische Literatur durchgesehen, sich mit Peter L. Bergers Wissenssoziologie beschäftigt ...
Das war Fred. So kannte ich ihn. Was er tat, tat er gründlich. Und schnell. Jedes seiner Bücher – waren es nicht schon fünfzehn? – hatte er in Rekordzeit geschrieben.
Das Telefongespräch mit mir brauchte er zur Abklärung einer Reihe psychologischer und theologischer Einzelprobleme. Kein persönliches Wort fiel, auch keine Bemerkung über die Frauen der Gruppe. Er war vom Stoff absorbiert, wahrscheinlich träumte er nachts noch von ihm. In unserer Ehe hatte eine solche Phase manchmal wochenlang gedauert.
Das Apokryphon des Johannes habe er bisher nicht aufstöbern können. Vom Thomasevangelium gebe es ja viele Ausgaben, aber wo könne man das Apokryphon finden?
Willem Cornelis van Unnik, Evangelien aus dem Nilsand, 1960.
Ob ich schon kenne: Felicitas D. Goodman, Ekstase, Besessenheit, Dämonen. Die geheimnisvolle Seite der Religion.
Nein, kannte ich noch nicht, er war mir bereits voraus.
Ob ich von der Wochenzeitung DIE ZEIT das Sonderheft »Achtung, Seelenfänger! Sekten, Gurus, Psycho-Freaks« zur Kenntnis genommen habe.
Nein, Fred, erzähl mir das Wichtigste.

Eine Reihe hochinteressanter Aufsätze zur Sektenproblematik, die noch einmal zeigten, wie aktuell mein Dissertationsthema sei. Auch der kollektive Selbstmord als solcher werde behandelt:

»Vertraut nur – ihr müßt hinübergehen. (Einige Mitglieder: Stimmt! Stimmt!) (Weinen): letzte Worte eines Sektenführers an seine Anhänger. 914 Mitglieder der Volkstemplersekte folgten 1978 dem Selbstmordbefehl ihres Führers und tranken aus einem Faß mit Zyankali. Ihr klagloses Sterben war das erste schrille Alarmsignal, das auf die potentiellen Gefahren totalitärer, neureligiöser Bewegungen oder Sekten hindeutete. Der Suizid von 39 Mitgliedern der Internet-Sekte ›Heaven's Gate‹ 1997 war nur noch eine weitere tödliche Fußnote der neueren Sektengeschichte.
Seit dem Massenselbstmord von Jonestown ist die Sektenproblematik Dauerthema, oft auch Streitpunkt der gesellschaftspolitischen Debatte. Typische Merkmale von Sekten sind die materielle und psychische Ausbeutung der Mitglieder und blinder Gehorsam gegenüber den selbsternannten geistigen Führern; manchmal verlangen sie von ihren Anhängern Vertrauen bis in den Tod.«

Dann wollte Fred ganz genaue Informationen über die jüngste Entwicklung des Experiments haben. Über jeden Teilnehmer. Ich mußte meine Akten holen, alles vorlesen.
Wieviele Flüge wir bisher gemacht haben?
Fünf.
Ob es neue Erfahrungen gegenüber dem ersten gegeben habe.
Eigentlich nicht. Aber die dramatischen Ereignisse haben sich in ähnlicher Weise jedes Mal wiederholt. Und noch etwas sei eingetreten.
»Was, Angelika?«
»Die Flüge haben uns alle süchtig gemacht. Wir warten immer schon ungeduldig auf den nächsten.«
»Gut, sehr gut. Das erleichtert meine Arbeit am Samstag.«
Indem ich Fred meinen Bericht gab, merkte ich erst, wie

weit ich die Gruppe bisher gebracht hatte. Aber eigentlich war ich es nicht gewesen, verantwortlich waren die Texte; wie Gift waren sie uns allen ins Blut gegangen. Wie Drogen, die süchtig machen. »Texte bauen Lebenswelten auf«, sagte ich in den Telefonhörer. »Man wohnt in Texten. Sie sind Weltentwürfe, die den Menschen in seinem Denken und Tun durch und durch bestimmen – bis hin zu völlig absurden Reaktionen.«

Ich teilte Fred noch mit, daß ich am Samstag auf den Flug nicht verzichten wollte.

Einen Moment Schweigen.

Dann seine Reaktion, ein einziger Satz: »Es wird die Gelegenheit sein, uns wiederzufinden, Angelika.«

Das Telefongespräch mit Fred hatte am Nachmittag stattgefunden. Am späten Abend, nach dem Programm mit der Gruppe, war er plötzlich noch einmal am Telefon.

Karin hatte unterhalb des Güggisgrats, tief im Tal, eine sensationelle Entdeckung gemacht. Sie hatte dort zu graben begonnen und war auf menschliche Knochen gestoßen. Auf eine große Fülle von Knochen – von mindestens 70 Personen. Aber nicht ganze Skelette lagen dort, sondern alles war zerschmettert.

»Die Leute sind von oben herabgestoßen worden, Angelika. Und weißt du, von welcher Stelle aus?«

»Nein, erzähl!«

»Du erinnerst dich sicher an jene Pfostenlöcher, die – jeweils zwei nebeneinander – sozusagen eine kleine, kurze Allee bilden, die genau auf den Abgrund zuläuft.«

Natürlich erinnerte ich mich, alles stand mir genau vor Augen; das letzte Pfostenlochpaar mit den Röhren von Packsteinchen deutete darauf hin, daß dort Pfähle eingerammt gewesen waren, die ein besonders großes Gewicht hatten tragen müssen.

»Eine Rampe hat dort gestanden. Sie ragte weit über den Abgrund. Und von ihr aus ...«

»... beförderte man die Leute ins Jenseits. Aber warum, Fred, warum?«

»Karin und ich denken an kultische Menschenopfer; obwohl diese für die römische Religion nur schwer zu belegen sind; und für ihre Spätphase schon gar nicht. Aber ...«

»Aber?«

»Man bekommt eine plausible Theorie zustande, wenn man die Kelten ins Spiel bringt. Auch für unser Galeriegrab muß man das bereits tun, du hast ja selber – Karin hat mir das erzählt – in dieser Richtung gedacht.«

»Die geheimnisvollen Kelten stehen also im Hintergrund der ganzen Geschichte?«

»Es war bisher nur eine Vermutung gewesen. Doch nun haben wir Gewißheit.«

»Weshalb?«

»Bei den zerschmetterten Knochen unten im Tal hat Karin Votivtäfelchen mit der Aufschrift ›Mars Albiorix‹ gefunden. Die Hinabgestürzten waren also diesem Gott geweiht gewesen.«

»Wer ist Mars Albiorix?«

»Die Vereinigung von keltischer und römischer Kultur hat besonders stark auf dem Gebiet der Religion stattgefunden. So war der Kult des römischen Kriegsgottes Mars im keltischen Sprachgebiet außerordentlich verbreitet; Mars erhielt hier allerdings keltische Beinamen, so unter anderem Albiorix. Und über einen zusätzlichen Namen bekommt ein Gott immer auch zusätzliche Eigenschaften.«

»Worauf willst du hinaus, Fred?«

»Unsere Vermutung ist folgende: Die offizielle römische Religion – der Kult des Mars eingeschlossen – ließ Menschenopfer schon lange Zeit nicht mehr zu. Soldaten oder

Veteranen aus Avenches – denk an die Titusmünzen, die die Verbindung zwischen Avenches und dem Güggisgrat herstellen – konnten sich damit jedoch nicht abfinden. In ihrem Bemühen, das Ritual des Menschenopfers wieder zum Leben zu erwecken, stießen sie auf uralte keltische Traditionen, aus denen sie für ihr Unternehmen Legitimation und Anregung empfingen. Ihr Gott Mars wurde damit – diese Verschiebung nahmen sie in Kauf – zu Mars Albiorix. Vielleicht haben sich auch Kelten mit den Römern zusammengefunden, um gemeinsam Menschenopfer zu vollziehen. Bei alledem braucht man nicht unbedingt an kriegerische Handlungen zu denken, die durch diese Opfer zum Gelingen geführt werden sollten, weist Mars doch neben seinen kriegerischen Zügen auch andere auf, die in Richtung agrarischer Gott oder Vegetationsgott gehen. Man brachte Mars zum Beispiel Opfer für die Gesundheit des Viehs und das Gedeihen der Ernte dar. An einem abgelegenen Ort nun, wo man nicht beobachtet werden konnte – eben auf dem Güggisgrat –, versammelte man sich, um das neu zum Leben erweckte Ritual zu vollziehen.«

»Bestätigen die anderen Funde, die ihr auf dem Güggisgrat gemacht habt, diese Theorie?«

»Durchaus, man kann alles in sie einfügen. Jene langgezogene Baracke, die ganz nah am Abgrund gestanden hat, etwa zwanzig Meter, diente der Vorbereitung der Opferung: rituelles Schmücken der unglücklichen Auserwählten, Folterung, oder was es da auch gegeben haben mag. Feste Unterkünfte standen dann hundert Meter weiter entfernt: denk an die Pfostenlöcher, die wir dort gefunden haben.«

»Und das Galeriegrab, Fred? Wie paßt das zu dem Ganzen?«

»Es war kein Grab, Angelika.«

»Was denn?«

»Die Breite der dreiundzwanzig Nischen schien uns von Anfang an zu groß gewesen zu sein, nicht wahr? 90 cm braucht ein Toter nicht, er kommt mit einem halben Meter aus.«

»Also waren die Nischen für ...«

»Für Lebende. Das jedenfalls ist meine Hypothese. Unser ›Galeriegrab‹ wäre demnach ein makabres Gefängnis gewesen. Man hielt sich dort einen Vorrat an zukünftigen Opfern. Am genau richtigen Platz: in Nischen in jener Felswand, die es hernach im Sturzflug bergab ging.«

»Aber einundzwanzig Personen, eine fast vollständige Belegung, sind nachher in den Nischen als solchen umgekommen?«

»Ja, und zwar zu jenem Zeitpunkt, als man die geheime Kultstätte wieder aufgegeben hat – wahrscheinlich Hals über Kopf, als Entdeckung drohte. Dem Tod durch Hinabgestürztwerden entkamen die Opfer auf diese Weise – starben aber elendiglich durch Verhungern oder Verdursten.«

»Sie waren wahrscheinlich gefesselt – sonst hätten sie das ›Galeriegrab‹, oder wie man es nennen will, doch öffnen können.«

»Einzelheiten wissen wir noch nicht, Angelika; vieles ist noch unklar. Deshalb ist unsere Kampagne auch noch keineswegs beendet.«

»Und die einundzwanzig Skelette möchtest du gerne wiederfinden?«

»Natürlich. Aber ich sagte dir ja, die Presse hilft mit.«

»Wirst du dann am Samstag überhaupt Zeit haben zu kommen?«

»Auf meinem Bett liegt das Buch ›Evangelien aus dem Nilsand‹. Ich werde heute nacht noch einmal das Apokryphon des Johannes lesen. Meine Vorbereitungen für den Flug gehen ungebrochen weiter.«

Fred, das Arbeitswunder; Fred, das Konzentrationswunder – in einer Grabungskampagne befindlich, wie er sie an Dramatik wohl noch nie erlebt hat, kann er sich gleichzeitig in eine andere, nicht minder anforderungsreiche Tätigkeit stürzen.

Er fehlte mir. Manchmal jedenfalls. »Heirate ihn wieder«, hatte man mir schon oft geraten, »fünf Jahre Entzug von dir werden ihm gutgetan haben, jetzt weiß er dich mehr zu schätzen. Gib ihm noch einmal dein Jawort.«

Vielleicht nach dem Doktorexamen. Dann nämlich bin ich endgültig keine Studentin mehr, Fred.

Nein, natürlich werde ich dich nicht wieder heiraten. Du bist für den Tod meines Kindes verantwortlich und verdienst selber den Tod.

Diese letzten Gedanken durchliefen meinen Kopf, als ich schon im Halbschlaf war – und auf dem Güggisgrat stand, vor dem Abgrund.

Im Halbschlaf konnte ich mich noch beherrschen, da tötete ich Fred nicht. Das tat ich erst später im Traum. Von der Rampe stieß ich ihn hinunter – wie die Römer ihre armen Opfer. Leicht und beschwingt tänzelte ich dann den Berg hinab, im Mondschein. Eine Todesfee, aber nun frei, frei …

Der Erlöser verschlang den Tod. Denn er legte die vergängliche Welt ab. Er verwandelte sich in einen unvergänglichen Äon und erstand auf, nachdem er das Sichtbare durch das Unsichtbare verschlungen hatte, und er gab uns den Weg unserer Unsterblichkeit. Wir werden von ihm zum Himmel gezogen wie die Strahlen von der Sonne, ohne durch irgend etwas zurückgehalten zu werden. Das ist die geistige Auferstehung, die die seelische verschlingt ebenso wie auch die fleischliche.

So halte nicht die Auferstehung für eine Illusion! Sie ist keine Illusion, sondern sie ist Wahrheit. Eher noch ist es angemessen zu

sagen, daß die Welt eine Illusion sei, eher als die Auferstehung. Die Welt ist eine Illusion. Aber die Auferstehung hat nicht diesen besagten Charakter, denn sie ist die Wahrheit, das Feststehende. Und sie ist die Offenbarung dessen, was ist, und die Verwandlung der Dinge und ein Übergang zur Neuheit. Denn die Unvergänglichkeit kommt herab auf das Vergängliche, und das Licht fließt herab auf die Finsternis, wobei es sie verschlingt.
Warum betrachtest du dann nicht dich selbst als auferstanden und als schon dahin gebracht?

Der Brief an Rheginus, Traktat I,4 der Nag-Hammadi-Bibliothek. Die ideale Einstimmung für morgen, für den Todesflug. Ein Text, der den Tod vergleichgültigt. Die Sicherheit unseres normalen Selbst- und Welterlebens wird hier in Frage gestellt. Jene festgefügte Welt, in der wir uns als handelnde Subjekte erleben – könnte sie nicht (zusammen mit uns selber) eine Illusion sein? Und könnte das, was vom Standpunkt unserer festgefügten Welt aus als Illusion erscheint, nicht eine Wirklichkeit höheren Grades sein?
Um den Realitätscharakter der Auferstehung zu begreifen, muß man – so der Schreiber des Briefs – den Illusionscharakter der Welt erkennen. Über diesen Zusammenhang aufgeklärt, erhält Rheginus den Rat, sich selbst als auferstanden anzusehen.
Wer aber auferstanden ist, hat den Tod bereits hinter sich.
Fred die Arbeit erleichtern, noch einen letzten Schritt mit der Gruppe gehen. Den Schritt bis an den Rand des Nichts. Zweifel an der Realität der Welt herbeiführen; den Gedanken nähren, unser Ich könne eine Illusion sein; die Sehnsucht nach dem Einswerden mit dem Universum wecken; mit psychotherapeutischen Mitteln das, was der Rheginusbrief sagt, zu einer Erlebnisqualität machen, zu einem Existenzgefühl.
Am Vormittag, unmittelbar im Anschluß an das Referat Kubitzkis, eine Übung vor den Spiegeln des Vortragsraums.

Sich anschauen und einem Partner beschreiben. Dieser will ständig wissen: »Bist du das wirklich?«
Ich habe meine Infragestellung durch diese Spiegel neulich bereits erlebt, mit Klaus an meiner Seite, ich will jetzt draußen bleiben, außerhalb der Übung. Ich habe mir von Kubitzki, als er sich verabschiedete, einen Zigarillo geben lassen, rauche, was ich sonst nicht tue, bekomme alles, was im Raum geschieht, nur wie durch einen Schleier mit; gebe durch ihn hindurch auch meine Anweisungen. Eine unwirkliche Situation, wie Schaufensterpuppen stehen die Leute da, vielfach zurückgeworfen durch die Spiegel an den gegenüberliegenden Wänden.
Es funktioniert. Hier und dort ein Schluchzen. Ich greife nirgendwo beruhigend, mildernd ein. Ich will zu meinem Ziel kommen. Aber die Qualmwolken, die ich in die Luft paffe, müssen dichter werden; müssen mich von den Spiegeln trennen, deren Anziehungskraft auf mich immer stärker wird.

Der Abend ist da. Ich werde meine psychotherapeutischen Fähigkeiten bis an die äußersten Grenzen ausschöpfen, werde der Gruppe jetzt alles zumuten. Ich will das Experiment erfolgreich abschließen.
Ich hatte es nicht gewußt: Es wird eine Vollmondnacht werden. Eine Mittsommernacht, in der die Wirklichkeit zum Traum wird und der Traum zur Wirklichkeit. Wir werden draußen sein, fast die ganze Nacht. Und dann nur einige Stunden Ruhe bis zum Besteigen des Flugzeugs haben. Schlafentzug – auch das ein Manipulationsmittel, das ich nicht verschmähen werde.

»Rebirthing ist eine holistische Heilmethode, die von Leonard Orr Mitte der siebziger Jahre an der Westküste Amerikas begründet wurde. Sie beruht auf einem einfachen Atemrhythmus, bei dem

zwischen dem Ein- und Ausatmen keine Pause gelassen wird. Es handelt sich bei diesem holistischen Heilverfahren um eine regressive Methode, die sowohl psychotherapeutische Wirkungen hat und starke und unmittelbar eintretende körperliche Effekte erzeugt als auch tiefgreifende Erfahrungen vermittelt, die von den meisten Klienten als spirituell gekennzeichnet werden. Die Wiedergeburt findet somit auf körperlicher, geistiger, emotionaler und spiritueller Ebene statt.

Die Distanz, die in den westlichen Religionen zwischen Mensch und Gott gesehen wird, wird in der Rebirthing-Theorie völlig überwunden. Genauso wie der Atem als ›Regenbogenbrücke‹ zwischen subjektiver und objektiver Wirklichkeit betrachtet wird, wird er auch als Brücke zwischen dem Menschen als einzigartigem Individuum und als Gottheit angesehen. Während er ganz im Prozeß des Atmens versunken ist, erlebt der Rebirthee, wie er sich mit Gott identifiziert. Erkennt man an, daß Denken schöpferisch ist, führt das unwillkürlich zur Anerkennung dessen, daß wir alle eins sind und jeder von uns Gott ist.

Der hyperventilierende Klient wird daran erinnert, daß Kribbeln, Gefühllosigkeit, Erstarren und Krämpfe, die er unter Umständen erlebt, vorübergehender Natur sind und schwinden werden, sobald er dem zum Rebirthing gehörenden Atemmuster folgt, bei dem Luft bewußt in die Lunge hereingezogen wird und ohne jede Anstrengung ausgeatmet wird.

Nach etwa einstündigem Atmen in der Manier des Rebirthing verliert der Klient das Wissen darum, im Hier-und-Jetzt zu sein – er erlebt nicht mehr irgendwelche alte Negativität, sondern geht vielmehr in einen anderen Bewußtseinszustand über. In dieser Phase, in der das ununterbrochene Atmen häufig für Minuten eingestellt wird, berichten Klienten ganz unterschiedliche Transzendenzerlebnisse: außerhalb seines Körpers zu sein, andere Formen angenommen zu haben, Interaktionen mit Gestalten aus der Mythologie, mit Archetypen usw. Es werden auch Träume jüngeren Datums oder die Realisierung spezifischer Verhaltensweisen erinnert, die sich in Umgebungen abspielten, deren Zugehörigkeit zu einem früheren Zeitalter sehr leicht zu erkennen ist, von daher völlig vertraut sind. In dieser Phase werden auch kosmische Gefühle totaler Seligkeit erlebt, wobei Menschen in einen stetigen

Fluß liebender Energie eintauchen – ein oft so intensives Erlebnis, daß es orgastisch ist.«

Das Rebirthing funktioniert. Wir sind ins Tal hinabgestiegen, befinden uns auf einer Wiese an einem Bach, am Waldrand. Der Vollmond lugt über die Baumwipfel, taucht uns alle in ein geheimnisvolles Licht.

Durch das Rebirthing – und später im Schwimmbad durch die Aqua-Energetik – werde ich die Gruppe endgültig zur Sekte machen.

Erschütternde Szenen. Kosmische Gefühle totaler Seligkeit? Ja, auch bei uns, ich brauche nur Gregor anzuschauen, Hedwig, Wolfgang ... Franziska wälzt sich am Boden, ist außer sich.

»Warum betrachtest du dann nicht dich selbst als auferstanden und als schon dahin gebracht?«

Oh ja, wir sind jetzt dort.

Sie sind dort, nicht ich. Ich habe am Ufer des Baches auf einem Stein Platz genommen, von hier aus steuerte ich das Atmen. Hin und wieder tauchte ich die Füße in das eiskalte Wasser, so blieb mein Verstand nüchtern. Oder ich ließ eine Handvoll Wasser über mein Gesicht rinnen – jedesmal wenn ich anfing, in dem Rhythmus zu atmen, den ich den anderen vorschrieb.

Sie werden jetzt alles machen, was ich ihnen sage. Oder nicht? Ganz genau weiß ich es nicht.

»Wolfgang, komm zu mir!«

Er gehorcht sofort.

Nein, nicht mit Wolfgang will ich den Versuch machen, er hat es nicht verdient. Mit Peter.

»Wolfgang, geh, Peter, komm! – Auf allen vieren, ja, so ist es recht. – Küß mir die Füße. – Ich bin eine Fee, Peter, eine Figur deiner Seele, und darf dir Anweisungen geben. – Sag, daß ich das Verfügungsrecht über dich habe.«

»Du hast das Verfügungsrecht über mich.«
»Sag, daß du von mir abhängig bist.«
»Ich bin von dir abhängig.«
»Kriech auf allen vieren durch den Bach.«
Er tut es, stößt mit dem Knie gegen einen Stein, danach schlägt ein vom Wasser mitgerissenes Stück Holz gegen seinen Kopf, er schreit auf, kriecht aber weiter.
Die anderen bekommen nicht mit, was sich zwischen Peter und mir abspielt, ihre Ekstase hält an, einige hyperventilieren weiter, obwohl ich sie gar nicht mehr dazu anhalte.
Macht. Zum ersten Mal in meinem Leben erfahre ich, was das ist: sich weiden an der Abhängigkeit der anderen.
Peter sieht erbärmlich aus: durchweichte und verdreckte Kleidung, zerzauste Haare, eine klaffende Wunde am Kopf. Aber ich habe kein Mitleid mit ihm, der Rausch der Macht ist stärker. Noch einmal verlange ich seine Demütigung: das Küssen meiner Füße.

»Zentrales Element der Aqua-Energetik ist die Gruppenarbeit im Pool mit auf Körpertemperatur angewärmtem Wasser; dies fördert die Lockerung chronischer Muskelverspannung (Panzerung im Körper) und den natürlichen Atmungsprozeß. Die mutterleibähnliche Umgebung des Pools erleichtert Regression. Diese Regression ermöglicht dem Teilnehmer, als erstes unterdrückte Gefühle, die an traumatische Ereignisse neueren Datums gekoppelt sind, freizusetzen, und später diejenigen Gefühle, die an immer weiter zurückliegende Ereignisse gekoppelt sind und einen tiefgreifenden Effekt auf die Formung der Persönlichkeit hatten. Die Folge sind schließlich Atembeschwerden, begleitet von dem Gefühl unmittelbar bevorstehenden Todes. Auch noch weiter zurückliegende schmerzhafte Ereignisse, die häufig mit der Geburt assoziiert sind, werden wiedererlebt, Ereignisse, die den Menschen vom Kern seines Seins und seinem Gefühl der Einheit mit dem Leben abgeschnitten haben. Wenn diese Gefühle entladen werden, wird er mit seinem innersten Selbst wiedervereint und erlebt einen Zustand innerer Wonne.

Da Aqua-Energetik ein hochintegriertes System ist, das seine Verfahren aus vielen Disziplinen bezogen hat, sind am therapeutischen Prozeß eine ganze Reihe von Vorläufern beteiligt, die scheinbar nichts miteinander zu tun haben.
Im jüdisch-christlichen Mythos vom Garten Eden hat die Idee ihren Ausdruck gefunden, daß der Mensch nach dem Sündenfall in Ungnade fiel und deshalb nichts mehr über seine eigentliche geistige Natur weiß. In den Philosophien des Orients lebte der Mensch in einer Welt der Sünde und Täuschung, die ›Maja‹ genannt wurde. Dieses Leben führte schließlich zu Krankheit, Alter und Tod. Für die Wiedergewinnung seines erleuchteten Zustandes war es notwendig, daß er einem Teil von sich gestattete zu sterben, so daß er wiedergeboren werden könne. Die Vorstellung, daß das Sterben der Wiedergeburt oder Erleuchtung vorausgeht, läßt sich in allen großen Weltreligionen finden. Im Buddhismus ist es der ›Große Tod‹, der der Erleuchtung vorangeht. Die jüdisch-christliche Auffassung spricht von Tod und Wiederauferstehung.
Ich [P. Bindrim] sah mich nach einem universalen Stimulus um, der zur Induktion eines Erlebnishöhepunktes bei verschiedenen Menschen gleich gut geeignet war. Dabei fand ich heraus, daß Kampieren in der freien Natur bei fast jedem wirkte. Damit war jedoch der Nachteil verbunden, daß die Teilnehmer Reisen auf sich nehmen mußten, um in die geeignete Gegend zu gelangen. In der Zwischenzeit hatte ich selbst eine Nacktgruppe mitgemacht und dabei festgestellt, daß mir diese das gleiche Hoch im Erleben vermittelte wie das Draußensein in der Natur. Ich experimentierte mit Nacktheit in Therapiegruppen und stellte fest, daß damit in der Tat Wirkungen erzielt wurden. Aber auch hier gab es wieder einen Nachteil. Die Leute legten nur widerwillig ihre Kleidung ab. Die Erinnerung, wie gerne viele von uns in der Jugendzeit ohne jede Kleidung baden gingen, brachte mich schließlich auf die Idee, diese Schranke zu umgehen, indem ich die Gruppe dazu brachte, am Nacktbaden in angewärmtem Wasser teilzunehmen. Warmes Wasser entspannt, und es stellte sich heraus, daß sich die Teilnehmer, während sie auf dem Rücken trieben, gerne halten und wiegen ließen.
Was dann geschah, versetzte mich in Staunen. Aus der zunehmenden Tiefe von Entspannung und Genuß kam es zu plötzlichen

und sehr heftigen Ausbrüchen von Wut, Angst und Trauer. 1968 schrieb ich an Maslow, um mein Erstaunen über die mir bislang unbekannte Heftigkeit, mit der sich die Gruppenteilnehmer abreagierten, zum Ausdruck zu bringen und ebenso mein Erstaunen über das Ausmaß der Qualen, die die menschliche Seele in sich birgt. Nach diesen heftigen irrationalen Gefühlsausbrüchen wurden neurotische Symptome schwächer, und die Teilnehmer zeigten ein höheres Maß an Selbstverwirklichung. Ich unterstützte deshalb diese ›Verrücktheit‹, indem ich die Gruppe dazu anhielt, den Teilnehmer, mit dem ich gerade arbeitete, an Armen und Beinen festzuhalten, so daß er weder sich noch andere verletzen konnte. So wurde er jeder Verantwortung für seine Handlungen enthoben. Ein paar Jahre später wurde dieses Phänomen von Janov beschrieben und als ›Urschrei‹ bezeichnet.
Die emotionalen Träume, die die Teilnehmer hier entluden, ließen sich zuerst auf jüngere schmerzliche Ereignisse und dann auf immer weiter zurückliegende Erfahrungen zurückführen. Unterdessen wurde ihr Verhalten im Pool immer infantiler. Ihre Schreie ähnelten schließlich solchen neugeborener Kinder, und sie machten saugende Mundbewegungen, wie sie beim Stillen zu sehen sind. Ich ging darauf ein, indem ich ihnen ›Mütter‹ gab, die sie hielten, wiegten und mit der Flasche fütterten. Damit folgte ich den Ideen Harlows, auf die er bei seinen Experimenten mit Affen kam. Hautkontakt schien von größter Wichtigkeit zu sein, und ich entdeckte, daß sich die Entladung traumatischer Gefühle weiter fördern ließ, wenn ich die verspannte Muskulatur von Teilnehmern massierte.«

Einige aus der Gruppe kannten das Schwimmbad schon. Ein Waldschwimmbad, am Ortsausgang gelegen, umstanden von Trauerweiden, die ihre Zweige bis fast ins Wasser hängen ließen. Nicht besonders groß, aber mit Warmwasserbecken; und dieses war heute nacht für uns reserviert. Ohne Bademeister, die Verantwortung trug nur ich, eigens hatte ich dafür auf der Gemeindeverwaltung ein Papier unterschreiben müssen.
Ich bleibe im Badeanzug am Beckenrand sitzen, schaue zu,

was passiert, brauche nicht viel zu sagen, sie sind instruiert. Man kann im Wasser stehen, es ist nicht tief.

Entspannungsphase, dabei absolutes Schweigen. Die meisten halten sich am Rand auf, Rücken zur Beckenwand, sie sitzen auf einer ins Wasser vorspringenden Stufe. Einige befinden sich in der Mitte, schwimmen in Rückenlage mit leichten Paddelbewegungen. Der Mond steht jetzt fast senkrecht am Himmel, wirft auf das Wasser einen silbrigen Schein. Alles ist ruhig, nur in der Ferne bellt heiser ein Hund. An einer Stelle kann man durch die Weiden hindurch oben auf dem Berg unser Schloß sehen. Nirgendwo brennt dort mehr Licht, die Nonnen schlafen längst.

Der Brief an Rheginus – Aqua-Energetik – Symbolik des Wassers.

»Ein protestantischer Theologe träumte öfter denselben Traum, er stehe an einem Abhang, unten liegt ein tiefes Tal und darin ein dunkler See. Er weiß im Traum, daß ihn bisher immer etwas abgehalten hatte, sich dem See zu nähern. Dieses Mal beschließt er nun, zum Wasser zu gehen. Wie er sich dem Ufer nähert, wird es dunkel und unheimlich, und plötzlich huscht ein Windstoß über die Fläche des Wassers. Da packt ihn eine panische Angst, und er erwacht.

Dieser Traum zeigt die natürliche Symbolik. Der Träumer steigt in seine eigene Tiefe hinunter, und der Weg führt ihn zum geheimnisvollen Wasser. Und hier geschieht das Wunder des Teiches von Bethesda: Ein Engel kommt herunter und berührt das Wasser, welches dadurch Heilkraft erlangt. Im Traum ist es der Wind, das Pneuma, das weht, wo es will. Es bedarf des Hinuntersteigens des Menschen zum Wasser, um das Wunder der Wasserbelebung hervorzurufen. Der Geisteshauch, der über das dunkle Wasser huscht, ist aber unheimlich, wie alles, dessen Ursache man nicht ist oder nicht kennt.« (C.G. Jung)

»Warum betrachtest du dann nicht dich selbst als auferstanden und als schon dahin gebracht?«
Vertieft das, was ihr eben im Rebirthing erlebt habt, jetzt mit Hilfe der Aqua-Energetik im Pool. Beginnt die Gruppenarbeit. Jeweils zu viert, einer liegt auf dem Rücken, zwei halten ihn fest, der dritte massiert ihn. Mutterleib, Fruchtwasser, Regression. Was ist Geburt? Was ist Wiedergeburt? Auferstehung. Morgen in der Heiligen Hochzeit die endgültige Vereinigung mit dem göttlichen Selbst.
Aber jetzt schon, im Pool, die Erkenntnis, daß die irdische Welt Maja ist, Schein, Täuschung. Spürt ihr es, das Göttliche in euch, das Neue, das Auferstandene? Wechselt in der Gruppe die Rollen, jeder von euch muß an die Reihe kommen; muß in diese Erfahrung hinein, muß durchdringen in das Neue.
Nur ich nicht.
Ich bleibe draußen, am Beckenrand, Badeanzug an, nicht einmal die Füße sind im Wasser.
Es ist nicht mehr ruhig. Ein Stimmengewirr, die einen schreien, die anderen schluchzen; was da passiert – ich beherrsche es längst nicht mehr. »Unterdessen wurde ihr Verhalten im Pool immer infantiler. Ihre Schreie ähnelten schließlich solchen neugeborener Kinder, und sie machten saugende Mundbewegungen …«
Ich will in das Geschehen hinein, will nicht wie jener protestantische Theologe sein, der die Begegnung mit dem Wasser scheute. Noch zögere ich; aber der Drang, in das Becken zu steigen, wird immer größer. Schon streife ich meinen Badeanzug ab.
Sie haben sich bei den Händen gefaßt, einen Kreis gebildet und singen eine Ode:

Ich legte mich nieder auf dem Geiste des Herrn,
und er hob mich zur Höhe.

Und er stellte mich auf meine Füße in der Höhe des Herrn
vor seine Vollkommenheit und Herrlichkeit,
während ich ihn pries mit der Zurüstung seiner Lieder.
Er gebar mich vor dem Angesicht des Herrn,
und während ich ein Mensch war,
wurde ich genannt der Leuchtende, der Sohn Gottes,
indem ich gepriesen war unter den Gepriesenen
und groß war unter den Großen.
Denn wie die Größe des Höchsten ist, so hat er mich gemacht
und wie seine Erneuerung ist, hat er mich erneuert.
Und er salbte mich mit seiner Vollkommenheit,
und ich wurde einer der ihm Nahestehenden.

Was mich rettet, ist die Zwangsneurose. Ich ziehe den Badeanzug wieder an, den viel zu streng und zu nüchtern geschnittenen, und schleiche mich davon in Richtung Kabinen. Das Waschritual wartet auf mich, hoffentlich finde ich irgendwo ein Stück Seife. Die anderen scheinen mein Fortgehen nicht zu bemerken, keiner ruft mir hinterher.
»Die Welt ist eine Illusion. Aber die Auferstehung hat nicht diesen besagten Charakter, denn sie ist die Wahrheit, das Feststehende. Und sie ist die Offenbarung dessen, was ist, und die Verwandlung der Dinge und ein Übergang zur Neuheit. Denn die Unvergänglichkeit kommt herab auf das Vergängliche, und das Licht fließt herab auf die Finsternis, wobei es sie verschlingt.«
Auch ich möchte mich betrachten als jemand, der auferstanden ist und schon dahin gebracht.
Die Zwangsneurose lenkt meine Schritte unerbittlich zu den Kabinen.

Als morgens um sieben der Wecker klingelte, blieb ich für eine ganze Weile ohne Orientierung. Wie war ich ins Bett gekommen? Um wieviel Uhr war es gewesen? Mir fehlte jede Erinnerung. Ich hatte mein Nachthemd an, darunter

noch den Badeanzug. Das letzte, was von der Nacht in meinem Gedächtnis haftete, war das Waschritual.
Unausgeschlafene Gesichter beim Frühstück, aber freudige Erregung überall. Wir müssen uns beeilen, ich treibe die Leute an. Vergeßt die weißen Gewänder nicht. Bei genauerem Hinsehen in manchen Augen doch ein Zögern: Worauf hat man sich da eingelassen? Was wird an diesem Vormittag alles passieren? Andere haben noch die Ekstase von der Nacht in sich, sie reißen die Zögernden mit. Gregor scheint mir nicht mehr ganz normal zu sein, er murmelt unentwegt vor sich hin – Versatzstücke aus den Texten, die wir behandelt haben. Hedwig hat sich auffällig geschminkt; alle Falten sind fort, die Lippen leuchten in herausforderndem Rot. Franziskas Haare sind noch strenger nach hinten gekämmt als sonst, keine einzige Strähne fällt zur Seite; aber auf dem Knoten im Nacken sitzt heute, was noch nie der Fall gewesen ist, eine Schleife. In Lila. Peter springt auf, als ich beim Tischabräumen helfen will, nimmt mir die Arbeit ab; blickt mich an mit treuen Hundeaugen, erwartet Aufträge; seine Kopfwunde ist glücklicherweise nicht so schlimm, wie es in der Nacht ausgesehen hat – nur ein kleiner Riß, schon verkrustet.
Ich habe in meinem Auto neben mir Hedwig sitzen, hinten Klaus, Gerda und Carola. Die weißen Gewänder sind im Kofferraum verstaut. Umziehen wollen wir uns heute erst im Flugzeug; schon beim Einzug in den Flughafen Sekte zu sein und von allen Leuten angestarrt zu werden ist strapaziös.
Wir reden wenig auf der Fahrt, alle sind in sich versunken. Wenn ich in den Rückspiegel schaue und das ernste Gesicht von Klaus sehe, weiß ich, daß das, was wir machen, kein Spiel mehr ist.
Ich bin zu weit gegangen, habe eine Grenze überschritten.

Aber das wollte ich ja.
Jaoth, das Löwengesicht; Eloaios, das Eselsgesicht; Astaphaios, das Hyänengesicht …
»Werden die Leute solchen Unsinn wirklich mitmachen, Herr Professor?«
»Sie werden, Frau Rotebrück, sie werden. Aber alles hängt davon ab, wie überzeugungswirksam Sie vorgehen. Ob es Ihnen gelingt, die nötigen Persönlichkeitsveränderungen durchzuführen.«
Nicht ich war es, die Texte sind schuld. Ich wußte nicht, welche Macht in ihnen steckt.

Hätte die Frau sich nicht vom Mann getrennt, wäre sie nicht zusammen mit dem Mann gestorben. Die Trennung von ihm ist zum Ursprung des Todes geworden. Deswegen ist Christus gekommen, um die Trennung, die von Anfang an bestand, zu beseitigen und sie beide wieder zu vereinigen, um denen, die in der Zeit der Trennung gestorben sind, Leben zu geben und sie zu vereinigen.

Klaus hat Spruch 78 des Philippusevangeliums genau im Kopf. Wenn einer einen integren Charakter besitzt, dann ist es dieser Mann. Daß er einer Frau unerlaubt niemals zu nahetritt, hat er in meinem Zimmer bewiesen, als er mir beim Waschritual zusah. Für ihn wird die Heilige Hochzeit wirklich nur Gelegenheit sein, das innere, göttliche Selbst zu finden.
»Der Herr vollbrachte alles im Mysterium: Taufe, Salbung, Eucharistie, Erlösung und Brautgemach.« Das war Gerda mit Spruch 68. Bei ihr bin ich mir, was das Motiv für das Ja neulich bei der Abstimmung angeht, nicht sicher. Sucht sie, die unverheiratete Oberstudiendirektorin, alternde Jungfrau, nicht einfach nur das Abenteuer, legitimiert in religiösem Erleben? Carola ist blaß, aber Gerdas Wangen glühen. Das Ferienseminar sei voll und ganz gelungen, sagt sie mir von hinten, lehnt sich dabei etwas nach vorne. »Die

gnostisch-esoterischen Texte des frühen Christentums haben für mich wirklich angefangen zu sprechen. Und besonders gut, Angelika, finde ich die praktischen Übungen. So kann man alles richtig nachempfinden.«
Ein aufgeregtes Beben ist in ihrer Stimme. Ein Beben, wie ich es von mir selbst kenne, aus intimen Stunden mit Fred, bevor ich mich ihm hingab.

Wo bleibt nur Kubitzki? Alle sind schon im Flugzeug, ich stehe noch draußen, halte mir die Ohren zu, die Motoren laufen bereits. Kubitzki muß mir doch letzte Hinweise geben – und vor allem die Sprengstoffimitation überreichen. Täuschend echt wird sie sein, er wollte sich beraten lassen.
Der Pilot winkt mir von oben von der Gangway. Ich steige hinauf, erfahre, daß Kubitzki längst dagewesen ist. Er hat eine Aktentasche für mich abgegeben, darin sei auch ein kleiner Zettel, ich solle ihn nachher insgeheim in der Toilette studieren.
Ich habe für Aktentasche samt Zettel zunächst keine Zeit, wir müssen uns ja umkleiden. Einige Augenblicke, in denen wir alle nackt sind. »Seine Jünger sagten: Wann wirst du uns erscheinen, und wann werden wir dich sehen? Jesus antwortete: Wenn ihr euch nicht mehr schämt und eure Kleider nehmt und sie unter eure Füße legt wie die kleinen Kinder und darauf tretet. Dann werdet ihr den Sohn des Lebendigen sehen, und ihr werdet ohne Furcht sein.«
Niemand weiß bisher, daß wir eine Zwischenlandung machen und Fred an Bord nehmen werden. Auch Kubitzki habe ich nicht informiert.
Zuerst muß es der Pilot erfahren. Ich gehe in meinem weißen Gewand zu ihm ins Cockpit.
Er ist unwillig, hätte lieber vorher schon Bescheid gewußt.

Ich erinnere ihn daran, daß er an uns nicht schlecht verdient.
Er beruhigt sich, ruft über Funk den kleinen, halb verlassenen Flughafen an, wo Fred auf uns wartet.
Eine Zwischenlandung dort ist kein Problem.
Ich gehe zu meinem Sitz zurück, gebe vor dem Start noch eine Anweisung: »Versucht, gleich zu Beginn alles auf dem Erdboden symbolisch zu sehen. Baut eine Wirklichkeit auf, in der die Bilder eurer Seele auf die Gegenstände projiziert werden ...«
Prompt sind die ersten Reaktionen da. Wie bei allen anderen Flügen. Wenig später werden dann dämonische Engel gesichtet ...
Ich weiß keine Erklärung für solches Geschehen.
C. G. Jung auch nicht: »Ich war einmal bei einer spiritistischen Sitzung zugegen, wo von den anwesenden fünf Beobachtern vier einen kleinen, mondartigen Körper über dem Abdomen des Mediums schweben sahen und mir als dem fünften, der nichts sah, genau die Stelle bezeichneten, wo er zu sehen war. Es war ihnen schlechterdings unbegreiflich, daß ich nichts dergleichen sehen konnte. Es sind mir drei weitere Fälle bekannt, in welchen gewisse Tatbestände mit allen Einzelheiten wahrgenommen wurden (zwei von je zwei und einer von einer Person) und nachher als nicht existent nachgewiesen werden konnten. Zwei dieser Fälle ereigneten sich unter meiner direkten Beobachtung. ›Durch zweier Zeugen Mund wird alle Wahrheit kund‹ mag zwar statistisch gelten, kann aber im gegebenen Fall unwahr sein. Es kann geschehen, daß auch bei völliger Zurechnungsfähigkeit und bei gesunden Sinnen Dinge wahrgenommen werden, welche nicht existieren. Ich weiß keine Erklärung für solches Geschehen.«

Jaldabaoth werden sie wirklich sehen. Und zwar bald. Es ist Zeit, daß ich sie darauf vorbereite.
Mitten im Wald liegt der kleine Flughafen, die Sportflieger haben ihn aufgegeben, nur ganz selten verirrt sich eine Maschine hierher. Allerdings sieht man Segelflugzeuge; aber nur bei günstigem Wetter starten sie, heute nicht, es gibt keine Aufwinde.
Sehr kurz ist die Piste, stelle ich fest, als ich bei der letzten Schleife vor der Landung aus dem Fenster schaue. Weniger als einen Kilometer lang; holprige Grasnarbe. Aber was hatte der Pilot vorhin gesagt, mit unverhohlenem Stolz in der sonoren Stimme? Jede Piste, die für eine kleine Sportmaschine ausgelegt sei, reiche auch seinem Flugzeug.
Fred will ungesehen in die Maschine kommen. Dort drüben, am Ende der Piste, müßte er sein, versteckt im Gebüsch.
Die Maschine ist jetzt zwischen ihm und den Gebäuden. Er kann einsteigen. Luke auf, wir werden ihn hochhieven.
Ich schrecke zurück, als er auf uns zuschreitet. Wir alle in Weiß – er in Schwarz. Weiß ist aber sein Gesicht, kalkweiß. Schwarz wiederum die Kapuze.
Eine Mephisto-Gestalt.
Ich wollte helfen, ihn ins Flugzeug ziehen; wie ich ihn aber da unten stehen sehe, kann ich es nicht mehr, trete einen Schritt zurück.
Als er an Bord ist, bemerke ich weitere Einzelheiten: seine Wimpern sind schwarz nachgezogen, seine Lippen glänzen in dunklem Rot, auf die Fingernägel ist grüner Lack gestrichen.
Keine Begrüßung zwischen uns, wir kennen uns nicht.
Auch die anderen ignoriert er; geht ganz nach hinten, setzt sich auf einen der leeren Plätze. Niemand schaut sich um, Schweigen, seine Ankunft wird nicht kommentiert. Aber in einigen Gesichtern habe ich Entsetzen aufsteigen sehen.

Schon ist die Luke wieder geschlossen, die beiden Motoren werden lauter, das Flugzeug ruckt, will sich in Bewegung setzen.
Die letzte Gelegenheit auszusteigen.
Ich renne nach vorn ins Cockpit, reiße dem Piloten die Hände vom Steuerknüppel.
Und fange mir dafür fast eine Ohrfeige ein; nur mühsam beherrscht sich der Mann.
Aber das Flugzeug hält wieder.
Die Luke müsse noch einmal geöffnet werden, stammle ich; ich hätte vorhin versäumt mitzuteilen, daß ich hier, auf diesem Flugplatz, die Maschine vorübergehend verlassen werde. Nachher müsse ich wieder abgeholt werden.
Als ich aus dem Cockpit trete und die Leute anschaue, habe ich meine Fassung einigermaßen zurückgewonnen; und meine Stimme ist wieder fest: »Jaldabaoth möchte mit euch eine halbe Stunde allein sein, ohne mich. Haltet seine Nähe aus, auch wenn die Angst nach euch greift. Vor dem Licht die Finsternis, vor dem Leben der Tod. Wenn ich nachher wieder im Flugzeug bin, werden wir ihn zusammen besiegen, diesen dämonischen Aftergott, diesen Zerstörer, diesen Versklaver unserer Existenz.«
Fred sitzt hinten auf seinem Platz wie ein Schatten, wie ein Totengeist. Völlig regungslos ist er, verzieht keine Miene.
Ich mache eine Kopfbewegung zu ihm hin, hebe die Hand, verabschiede mich.
Ein flüchtiges Lächeln huscht über sein Gesicht, erstarrt aber, wird ein Grinsen.
Die Luke ist wieder auf, ich brauche keine Hilfe, springe hinaus, renne zu dem Gebüsch hinüber, in dem vorher Fred war. Mein weißes Gewand verfängt sich in Dornen, aber ich bemerke es kaum, will Deckung, will Geborgenheit, wühle mich in die Zweige tief hinein.

Die Maschine ist wieder in der Luft, verschwindet in Richtung See.
Einen Hochsitz bräuchte ich jetzt, dann könnte ich sie beobachten.
Ich muß nicht lange suchen, da stehe ich schon vor einer Holzleiter. Kann hoch in die Baumkrone klettern. Und weil vor mir eine Lichtung beginnt und das Gelände etwas abfällt, vermag ich weit zu schauen.
An meinen Augen geht das Älterwerden spurlos vorüber, ich kann noch genauso scharf sehen wie als Kind; damals versetzte ich alle in Erstaunen, bis hoch in die Lüfte verfolgte ich jeden Vogel, niemand sah ihn zum Schluß mehr außer mir. Das Flugzeug allerdings könnten von meiner Warte aus – selbst wo es nun weit entfernt ist – auch andere sehen; aber ich sehe es genauer, keine seiner Bewegungen entgeht mir. Kunstflugprogramm wie sonst auch, der Pilot fliegt Figuren, die symbolischen Charakter haben. Auch der Überschlag fehlt nicht, genau jetzt erfolgt er, alle sind hoffentlich fest angeschnallt. Die Turbulenzen unserer Existenz werden durch diese Kirmesnummer dargestellt, drei-, viermal pro Flug wollten die meisten sie erleben, einige gerieten dadurch in höchste Verzückung. Wie mag sie auf Fred wirken?
Ruhiges Gleiten über dem See. Ob Fred jetzt mit seinem Auftritt beginnt? Fängt man gar schon mit der Heiligen Hochzeit an?
Wackeln mit den Tragflächen, Zickzackflug, etwas Dramatisches spielt sich in der Gruppe ab.
Wilde Pirouetten. Nochmals ein Überschlag. Sturzflug und sehr spätes Abfangen der Maschine, erst 80 m über dem See. So hektisch ist es noch nie zugegangen, was mag bloß in Fred gefahren sein? Er ist es ja, der jetzt die Verantwortung trägt.

Ob ich nachher überhaupt wieder einsteige?
Natürlich, ich muß, ich muß. Stark wie der Tod ist die Liebe, Hoheslied acht, sechs, ich will nicht ausgeschlossen bleiben – nicht von der Liebe, nicht vom Tod. Stirb und werde. Wenn das Weizenkorn nicht in die Erde fällt und stirbt, bringt es keine Frucht. Ekstase: sich selber aufgeben – in der Vereinigung der Liebe, im Tod. Wir alle sehnen uns nach dem Absoluten, und finden kann man es nur im Sterben; weil man nur hier sich selber endgültig entrissen wird. Die mystischen Schriften Fénelons, Auslieferung der Seele an Gott, völlige Selbstenteignung – und dies alles nacherleben in der Heiligen Hochzeit; in einem erotischen Universum, wie es sich jetzt dort oben in den Wolken aufbaut.
Aber ich bin nicht dabei.
Ich trommle mit den Fäusten gegen die Brüstung des Hochsitzes: »Holt mich ab, vergeßt mich nicht, überlaßt mich nicht dem Schicksal, gefangen in mir selber zu bleiben, in jener Hülle, die Ich heißt.«
»Angelika, bist du bereit, für die Erlösung aus deinem Ich jeden Preis zu zahlen?«
»Ja, ich bin es.«
»Wir sind dabei, in die Lichtwelt aufzubrechen, willst du mit?«
»Ja, ich will.«
»Der Preis dafür ist die Sprengung des Leibes, der dich an die Materie versklavt. Sag, daß du diese Sprengung willst.«
»Ich will sie, ich will sie.«
»Schrei es hinaus.«
»Ich will sie!«
Durch meinen Schrei wurde ich davor verschont, die Explosion in ihrer vollen Wucht zu hören. Aber meinen Augen blieb nichts erspart. Ein greller Blitz zuckte auf, eine

hohe Stichflamme, genau an jener Stelle, wo das Flugzeug auseinanderbrach. Und dann verteilte sich das Feuer auf die beiden Teile, die losgelöst voneinander nach unten stürzten, dem See entgegen. Menschliche Leiber konnte ich keine erkennen, auf die Entfernung natürlich nicht, trotz meiner scharfen Augen. Aber meine inneren Augen sahen sie: Allen voran Fred, zerstückelt, zerrissen; Gerda, im Gesicht noch das Verlangen, endlich von einem Mann genommen zu werden; Franziska, die eben noch ihren Wunsch vor sich hingemurmelt hatte, dem inneren Christus zu begegnen; Gregor, auch im Tode noch wirre Sätze ausstoßend; Klaus, mit jenem Frieden auf dem Antlitz, der höher ist als alle Vernunft. Wann starben sie? Noch im Flugzeug? Beim Sturz? Beim Aufklatschen auf den See?
Was ich da sah, ist natürlich nicht wahr, ist ein Traum. Muß ein Traum sein. Ich will, daß es ein Traum ist.
Aber es ist kein Traum, es ist Wirklichkeit. Eine Sirene heult jetzt in der Ferne, die Rettungsdienste rücken an ...
Ich steige von meinem Hochsitz herab wie in Trance. Wieder verfängt sich mein Gewand in Dornen, ich bin vom Weg abgekommen. Aber von welchem Weg? Wohin will ich überhaupt?
Mich darf jetzt niemand sehen. Allein muß ich sein, ganz allein. Ein Motiv wie im Märchen: herumirrendes Mädchen im Wald, weiß gekleidet. Damit die Geschichte weitergeht, muß nun ein Eingriff von außen kommen.
Er kommt.
Eine kleine Straße, die den Wald durchquert, ein Auto, das hält, ein junger Mann. Seine Arme heben mich empor, tragen mich zu seinem Fahrzeug, betten mich auf die Rücksitze.
»Keine Fragen«, bitte ich, »fahren Sie mich einfach nur heim.«

Er verläßt mich erst wieder, als ich in meinem Bett liege. Hat mich nicht angefaßt. Mir aber zu trinken gegeben. Und hat wirklich nichts gefragt. Nickt mir, als er geht, lediglich zu: »Erholen Sie sich gut.«
Es gibt noch Engel.

Mein Schlaf, traumlos und tief, dauerte vielleicht zwei Stunden. Dann bin ich hellwach, mein Verstand arbeitet glasklar. Das Flugzeug ist abgestürzt. Zum Absturz gebracht worden. Die Sprengstoffimitation war wirklicher Sprengstoff. Ich hätte mit im Flugzeug sitzen sollen. Für Kubitzki saß ich mit im Flugzeug. Für ihn bin ich jetzt tot. Er hat mich ermordet – mit den zwanzig Leuten meiner Gruppe. Zusammen einundzwanzig Opfer. Von Fred weiß er nichts.
Zweiundzwanzig Opfer; der Pilot kommt ja noch hinzu.
Ich muß weg. Sofort. Hier, in meiner Wohnung, bin ich in Gefahr. Ungesehen wurde ich vorhin hineingebracht, ungesehen muß ich wieder verschwinden. Um Kubitzki von einem Ort aus zu stellen, an dem er mich nicht vermutet. Vom Chalet in Beatenberg aus.

Karin ist eine prima Frau. Belastbar. Kein psychisches Einbrechen in einer Extremsituation.
Aber ich bin ja genauso wie sie. Zwei Frauen, die zusammen die Situation meistern werden. Aber die auch heulen dürfen: um den gemeinsamen Mann.
Wir waren allein, ich hatte Karin bei Schreibtischarbeiten angetroffen, der Rest der Equipe befand sich auf der Grabungsstelle. Wir sollten bei der nächsten vollen Stunde den Fernseher anstellen, meinte Karin. »Die Bilder der Nachrichtensendung werden schlimm sein, doch wir müssen sie aushalten.«

Die Bilder waren schlimm. Wrackteile, die auf dem See schwammen, vom Hubschrauber aus gefilmt. Ein Schwenker zum Ufer, wo Taucher ihre Station hatten; vom Grund des Sees heraufgeholte Flugzeugsessel, die abgesprengte Kabinentür, ein Teil des Cockpits mit Instrumenten, von Schlamm überzogen; und Leichen, aber zugedeckt.
Zweiundzwanzig Todesopfer, sagte der Sprecher. Die Sektenführerin, Angelika Rotebrück, die zwanzig Mitglieder ihrer Gruppe und der Pilot.
Niemand habe den Absturz überlebt. Die Leichen seien entsetzlich verstümmelt, zum Teil auch verkohlt, und nicht identifizierbar.
Karin zog mich auf dem Sofa, auf dem wir saßen, an sich heran, legte ihren Arm um mich.
An die Nachrichten schloß sich eine Sondersendung an, Experten diskutierten: Journalisten, ein Soziologe, ein Theologe.
Und Kubitzki.
Ich preßte die Lippen zusammen, ballte die Fäuste, rang um meine Fassung; behielt sie nur, weil ich Karin neben mir spürte.
Der vorliegende Fall gehöre zwar in die Reihe der kollektiven Sektenselbstmorde der letzten Zeit, sagte Kubitzki, seinen obligatorischen Zigarillo rauchend, stelle aber etwas Besonderes dar. Ein psychologisches Experiment liege zugrunde.
Was Kubitzki nun erzählte, entsprach ganz und gar der Wahrheit. Auch Literatur zog er heran, hatte Bücher und Aufsätze dabei: Peter L. Berger, Stenger/Geißlinger, Psychologie Heute …
Ich nickte: Ja, so war es, so war es; aber worauf willst du hinaus, Kubitzki?
Jahresband 1991 der Kölner Zeitschrift für Soziologie und

Sozialpsychologie. Die Kamera kam, als der Professor zu blättern begann, ganz nahe heran.
Die Seite 267 fehlte nicht mehr. Aber wohl nur mir von den Millionen Fernsehzuschauern fiel auf, daß sie ein klein wenig schief saß.
Etwas zu rasch und unachtsam wieder eingeklebt.
Um den untersten Abschnitt ging es. Mit dem Finger fuhr Kubitzki die Zeilen entlang: »Ist eine kontextuelle Realität erst einmal entfaltet, entsteht eine Sogwirkung, der sich auch die Manipulateure nicht entziehen können.«
Er blickte auf: »In diesem wichtigen Aufsatz von Stenger/Geißlinger, der meine Doktorandin maßgeblich beeinflußt hat, wird also dokumentiert, daß ein Versuchsleiter, der andere Menschen manipuliert, der sie in eine alternative Form der Wirklichkeit befördert, im Prinzip sich selbst mit in diese Wirklichkeit begibt. Ich habe Frau Rotebrück vor diesem Mechanismus ausdrücklich gewarnt, habe gesagt: ›Durchschauen Sie ihn, damit Sie ihm nicht verfallen.‹ Bei jeder unserer Arbeitssitzungen habe ich diesen Satz wiederholt. Aber leider war die Sogwirkung, die von der konstruierten Wirklichkeit ausging, zu stark – und hat Frau Rotebrück, die Schöpferin dieser Wirklichkeit, selber mitgerissen. Wenn ich mir eine Mitschuld an dem Geschehen zu geben habe, dann vielleicht die, daß ich die Sogwirkung, von der ich zwar wußte, noch unterschätzt habe.«
Warnung vor der Sogwirkung? Du hast mich in die Texte hineingetrieben, Kubitzki. »Kennen wir nicht alle dieses Existenzgefühl, Frau Rotebrück? Unser Leben ist uneigentlich, entfremdet; aber tief in uns lebt das Wissen, daß alles anders sein könnte: heilvoll, sinnvoll. Doch wie nur kann dieses Eigentliche in uns zum Durchbruch gelangen? Es muß sich seiner bewußt werden. Und dann ...«
Es überkommt mich Fürchten und Zagen, / und Schauer er-

faßt mich. / Ich sage: Hätte ich doch die Flügel der Taube, / ich flöge auf und käme zur Ruh. / Ja, entfliehen wollte ich, weit von hier. Turbo-Prop – jedes Triebwerk 1900 PS – unser bestes Stück – meine Taube – flieg, flieg – nimm mich mit dir, weit weg von hier. Der Sonne entgegen, immer näher an sie heran, immer näher.
»Ist dir nicht gut, Angelika? Soll ich ein Glas Wasser holen?« Karin schüttelte mich, ich öffnete wieder die Augen, ein Ruck ging durch meinen Körper.
»Ich bin in Ordnung. Ein Anfall von Schwäche, weißt du.«
Meine Vogelträume, ich habe sie dir erzählt, Kubitzki. Am Ende wußtest du alles von mir. Und konntest mich in die Falle locken. Aber warum? Warum mußte ich sterben – zusammen mit all den anderen? Und welche Rolle spielt die Stifterin deiner Professur in der Geschichte?
Ich werde es herausbekommen.
Die Fernsehsendung ist vorüber, in meinem Kopf dreht sich ein Karussell, ich möchte ins Bett, obwohl es noch nicht einmal Abend ist, bitte Karin, die anderen von der Equipe zu unterrichten, wenn sie heimkehren.
Natürlich kann ich nicht einschlafen, das war vorauszusehen gewesen. Unruhig wälze ich mich oben unter der Dachschräge auf meinem Lager. Ich höre die anderen kommen: den Museumsangestellten, die beiden Studentinnen, den Studenten, höre aufgeregte Stimmen, Rufe der Bestürzung. Aber ich brauche nichts mehr zu sagen und darf die Augen geschlossen halten.
Allmählich wird es still im Chalet, man geht zu Bett.
Aber ich, ich stehe auf. Habe den Befehl erhalten, mich zu waschen. Und auch bereits jenen, die Treppenstufen im Haus zu zählen. – Das habe ich doch schon gemacht, die Zahl ist noch genau in meinem Gedächtnis. – Sie könnte falsch sein, Angelika; noch einmal zählen.

Ich stehe vor dem Waschbecken in meinem Zimmer, ziehe mein Nachthemd aus, das Ritual kann beginnen.
Ein greller Blitz zuckt auf, eine hohe Stichflamme, genau an jener Stelle, wo das Flugzeug auseinanderbricht. Und dann verteilt sich das Feuer auf die beiden Teile, die losgelöst voneinander nach unten stürzen, dem See entgegen. Menschliche Leiber kann ich keine erkennen, auf die Entfernung natürlich nicht, trotz meiner scharfen Augen. Aber meine inneren Augen sehen sie: allen voran Fred, zerstückelt, zerrissen …
Meine linke Hand läßt die Seife fallen. Die rechte dreht den Wasserhahn zu. Ich brauche mich nicht zu waschen. Darf mich wieder ins Bett legen.
Aber die Treppenstufen – muß ich sie zählen?
Nein, schlaf ein.
Wir brauchen Erlösung, Angelika, Erlösung. Aufbrechen in ein ganz anderes Leben müßte man. Und alles hinter sich zurücklassen. Auch sich selber.
»Ich werde dich entlarven, Kubitzki«, sage ich im Halbschlaf. Oder schon im Traum? »Alles werde ich herausbekommen, alles.«

Ich hatte in der Nacht erstaunlich gut geschlafen, meine Träume waren leicht und beschwingt gewesen. Viel zu spät wachte ich auf, neun Uhr war schon vorbei, aber die anderen hatten mit dem Frühstück auf mich gewartet. Der Tisch war schön gedeckt, gemusterte Servietten, eine Vase mit frischen Schnittblumen – Karin verstand es, für eine angenehme Atmosphäre zu sorgen.
Neben meinem Platz lag eine Zeitung.
»Kollektiver Selbstmord einer Sekte. Diplompsychologin sprengt ein Flugzeug.«
Ein Foto von mir, fast ein Viertel der Seite nahm es ein.

Der Student war am Kiosk gewesen, hatte noch weitere Zeitungen mitgebracht: eine englische, eine französische; Beatenberg ist ein Urlaubsort, man muß für ausländische Gäste alles parat haben.
Auch in den anderen Zeitungen fand sich Berichterstattung über den Absturz. Auf der ersten Seite. Das Sektenthema interessiert die ganze Welt.
Ich kam nicht zum Lesen, Karin stellte den Fernseher an: Morgennachrichten. Mein Foto erschien, dasselbe wie in der Zeitung. Der Sprecher las von seinem Blatt ab: »Kollektiver Selbstmord einer Sekte. Diplompsychologin sprengt ein Flugzeug ...«
Ich stürzte zum Fernseher, stellte ihn ab, sank Karin in die Arme, Rotz und Wasser heulend. Sie zog mich an ihren mächtigen Busen, tröstete mich wie ein Kind.
Als ich mich beruhigt hatte und wir frühstücken konnten, riet mir eine der beiden Studentinnen: »Geh ganz einfach zur Polizei, Angelika. Demonstriere ihnen, daß du noch lebst. Kubitzki wird sofort festgenommen werden, und die Aufklärung beginnt.«
Ich überlegte, ließ meinen Blick aus dem Fenster wandern – das Wetter war inzwischen nicht mehr schön, ein Nieselregen hatte eingesetzt – und sagte schließlich nein. »Ich will die Hintergründe selber herausbekommen. Wenn Kubitzki jetzt schon festgenommen wird, ist die Stifterin seiner Professur gewarnt, die Fabrikantenwitwe; sie könnte Spuren verwischen. Und gegen diese Frau läßt sich im Augenblick nichts unternehmen, was will man ihr vorwerfen? Aber sie ist in die Sache verwickelt, ich spüre es.«
Von der Stifterin wußten die anderen noch gar nichts; sie fragten nach, ich informierte sie. Danach gemeinsames Nachdenken: Welche Rolle spielt diese merkwürdige Frau in dem Fall?

Wir schafften es nicht, eine plausible Hypothese aufzustellen. Wieder schaute ich aus dem Fenster in den Nieselregen. Ich erhob mich, ging ans Fenster heran, konnte jetzt das Niederhorn sehen. Plötzlich traten vor meine Augen – vor meine inneren Augen – zwei Gesichter, links das einer Frau, rechts das eines jungen Mannes. Beide Gesichter wiesen eine kleine Unregelmäßigkeit auf, die Augen lagen nicht auf genau gleicher Höhe, das linke war – mitsamt dem Stirnhöcker – ein klein bißchen nach oben verschoben. Die Stifterin von Kubitzkis Professur – der Sektenführer. Mutter und Sohn.

»Der Weg zur Aufklärung des Falls läuft über die Sekte oben auf dem Güggisgrat«, sagte ich, mich wieder an meinen Platz setzend. »Ich fahre sofort hinauf.«

»Es regnet, Angelika. Und zwar immer fester, es nieselt nicht mehr nur.«

»Das ist mir egal.«

Nein, ich war nicht zu der Sekte gegangen. Ich stand mit Karin – sie hatte mich begleitet – auf dem Gerüst vor dem Galeriegrab. Zum Regen kam hier oben der Wind hinzu, er griff unter unsere Anoraks und brachte empfindliche Kälte mit.

Bei dem schlechten Wetter war der Blick in die Tiefe noch schauriger als sonst. Nebelfetzen zogen unter uns her, man konnte das Tal nur hin und wieder sehen.

»Mein Fall hängt mit eurer Ausgrabung zusammen, Karin.«

Ja, auch sie hatte diese Ahnung. Aber wir wußten beide nicht, in welcher Richtung wir weiterdenken sollten; wo die Lösung liegen könnte.

»Du darfst auf keinen Fall zu der Sekte gehen«, hatte Karin gesagt, noch in der Kabine der Luftseilbahn. »Dein Gesicht kennt jetzt jeder.«

»Also mußt du hin.« Ich sagte es erst jetzt, als wir auf dem Gerüst standen.
Karin nickte.
»Nein, geh lieber nicht, vielleicht begibst du dich in Gefahr.«
Durch den Regen hindurch ein verächtliches Lachen. Karin hatte keine Angst.
»Du mußt so tun, als ob du Hilfe suchst, Karin. Du mußt eine Krankheit oder Neurose haben, die Leute werden dich dann freundlich aufnehmen und für dich beten.«
»Ich bin aber gesund. Körperlich und seelisch.« Sie sah an sich herab, an ihrer massigen Gestalt.
»Sag ihnen, daß du wahnsinnig bist. Und unter Halluzinationen leidest.«
Sehr schnell und völlig unbedacht waren diese Sätze über meine Lippen gekommen. Karin blickte mich erstaunt an. Dann nickte sie – zunächst zögernd, dann eifriger. Schließlich brach sie auf, das letzte, was ich von ihr sah, waren, als sie von dem Gerüst die drei Meter lange Strickleiter wieder nach oben kletterte, ihre dicken, bestiefelten Beine.
Ich stand nun allein auf dem Gerüst. Sein zweiundzwanzig Meter langer Boden war aus vielen schmalen Brettern gezimmert ... Aus wievielen?
Ich kam nur dazu, bis vier zu zählen, da zuckte ein greller Blitz auf, eine hohe Stichflamme, genau an jener Stelle, wo das Flugzeug auseinanderbrach. Und dann verteilte sich das Feuer auf die beiden Teile, die losgelöst voneinander nach unten stürzten, dem See entgegen. Menschliche Leiber konnte ich keine erkennen, auf die Entfernung natürlich nicht, trotz meiner scharfen Augen. Aber meine inneren Augen sahen sie: allen voran Fred, zerstückelt, zerrissen ... Und es war mir, als ob eine gewaltige Stimme rief: »Du bist von der Zwangsneurose geheilt, Angelika!«

Ich hielt mich nicht auf den Beinen, ich torkelte, mußte mich setzen. Auf das nasse Holz. Und hatte plötzlich die absolute Gewißheit, daß ich nie wieder Zwangsrituale ausführen mußte.
Tränen des Glücks, sie vermischten sich mit dem Regen.
Doch sofort holte mich das Schaurige der Situation wieder ein. Vor mir ein Grab – nein, ein absonderliches Gefängnis –, unter mir der Abgrund. Um mich herum Regen und Wind.
Flucht. Die Strickleiter hochklettern, zur Station der Luftseilbahn rennen. Unterwegs schließt sich mir, von schräg links kommend, eine Frauengestalt an. Karin. Auch sie auf der Flucht. Plötzlich hatte die Angst nach ihr gegriffen, zur Sekte hatte sie sich nicht hingewagt.

Ein gemütliches Chalet, ein dampfendes Mittagessen, die Stimmen anderer Menschen – das bringt zwei Frauen, die gerade bewiesen haben, daß sie keine Heldinnen sind, wieder einigermaßen ins Gleichgewicht. Ein paar Stunden später, bei Kaffee und Pflaumenkuchen – für Karin mit viel Sahne – kehrt sogar der Mut zurück.
Als der neue Plan geschmiedet wird, haben wir beide, Karin und ich, allerdings zusätzlich zu Kaffee und Kuchen jede noch zwei Gläschen Likör getrunken. Sozusagen um den Mut zu stabilisieren.
In dem neuen Plan ist Karin immer noch wahnsinnig. Und leidet unter Halluzinationen. Aber wir können den Inhalt der Halluzinationen jetzt genauer bestimmen:
– Karin sieht ein Galeriegrab, das eigentlich leer ist, voll;
– und sie sieht Tote lebendig; so zum Beispiel die Sektenführerin Angelika Rotebrück, die sich doch umgebracht hat.

VI

Mit welcher Kaltblütigkeit Kubitzki zu argumentieren verstand! Natürlich war die Anschuldigung nicht ausgeblieben, er sei verantwortlich; er habe durch das Sektenexperiment – von ihm zugelassen und begleitet – zweiundzwanzig Menschen in den Tod getrieben. Doch diese Anschuldigung konterte er vor den Fernsehkameras mit meinen Aufzeichnungen.
Mit meinen Aufzeichnungen! An sie hatte ich gar nicht mehr gedacht. Die fleißige Studentin, alles hatte sie protokolliert; jetzt wurde es gegen sie verwandt.
Nichts stand in den Akten über Fred; jene Wendung, die das Experiment zum Schluß nehmen sollte, hatte ich vor Kubitzki geheimhalten wollen. Aber über mich selber war Material da. Vor einem Millionenpublikum wurde es nun ausgebreitet. Mit den Interpretationen von Kubitzki.
Angelika Rotebrück, eine destabilisierte Frau. Nach einer Abtreibung Ausbildung einer Zwangsneurose. In der imaginären religiösen Welt, die sie für ihr Experiment aufbaute, suchte sie zuallererst Hilfe für sich selber. Schließlich konnte sie zwischen Fiktion und Realität nicht mehr unterscheiden, hat im Flugzeug – sie selber schreibt es – die von ihr entworfenen dämonischen Engel gesehen. Und dann die symbiotische Beziehung mit einem der Teilnehmer, dem Kinderarzt Klaus S. Der Zwangsimpuls, sich vor ihm auszuziehen. Mit ihm zusammen Stimmungen romantischer Todesmystik; Bestätigung in dieser Hinsicht durch gnostische Texte, vor deren Gefährlichkeit er – Kubitzki –

immer gewarnt habe. Natürlich könne man mit diesen Texten experimentieren, aber Vorsicht, sie seien wie Zündhölzer. »Ihre Wirkung üben sie vor allem dann aus, wenn sie auf manifeste oder auch nur latente neurotische Persönlichkeitsstrukturen stoßen. Weil sie selber neurotisch sind, gauklerische Irrlichter. Die Aufgabe meiner Disziplin, der Religionspsychologie, sehe ich darin, hier aufklärerisch zu wirken und den Anspruch, den solche Texte erheben, zu zerstören. Wird er nicht zerstört – bitte, dann kann es zu einer Katastrophe kommen, wie wir sie jetzt bedauern müssen. Und noch viel Schlimmeres haben religiöse Texte in der Geschichte bewirkt: ganze Kriege entfesselt. Deshalb weise ich noch einmal nachdrücklich auf die Bedeutung der Religionspsychologie als aufklärerisches Fach hin.«

Ob man, wenn die Sache so sei, einen Text wie etwa das Thomasevangelium besser überhaupt nicht lesen solle, wurde Kubitzki gefragt.

Er hüstelte und fuhr mit der Hand durch seine rote Haarmähne. »Wie wollen Sie das verbieten?« fragte er zurück. »Und außerdem: Man nimmt auch Alkohol, Koffein und Nikotin zu sich, alles Gifte, aber auf das rechte Maß kommt es an. Mit einem christlich-gnostischen Text kann man sich ein angenehmes Prickeln verschaffen – wie mit Sekt. Selbst ein kleiner Rausch darf durchaus mal sein, nur sollte man nicht abhängig werden.«

»Man kann also abhängig werden von religiösen Texten?«

»Aber natürlich.« Kubitzki nickte.

»Und das ist Ihrer Doktorandin passiert?«

Kubitzki zuckte mit den Schultern: »Ich konnte es nicht verhindern.«

Ich saß vor dem Bildschirm in einem Zustand blinder Wut. Und murmelte vor mich hin: »Warum mußte ich dein

Opfer werden, Kubitzki? Wo ist der Schlüssel zum Verständnis der teuflischen Falle, die du mir gestellt hast?«
Vielleicht wäre ich nicht fähig gewesen, jenen Plan, den ich mit Karin zusammen ausgearbeitet hatte, in die Tat umzusetzen. Weil es mir ohne die Geborgenheit des Ferienhauses und ohne Likör im Blut doch wieder an Mut mangelte. Aber die Wut auf Kubitzki trieb mich voran.

Regen, Matsche, Gummistiefel. Schon drei Stunden arbeiteten Karin und ich, unsere Anoraks waren durchweicht, aber wir kamen voran. Hin und wieder schauten wir nach oben, hoch zum Güggisgrat, und durch die Nebelfetzen, die vorbeizogen, meinte ich dann, die Todesrampe zu erblicken. Aber nein, von ihr existierten ja nur noch Pfostenlöcher. Die Knochen der Menschen jedoch, die von ihr herabgestürzt worden waren, die existierten. Wir wateten in ihnen herum; ja, wir wateten – denn das Grabungsloch war ein Sumpf geworden, eine riesige Pfütze.
Zerschmetterte Knochen von mindestens 70 Personen? Das sollte reichen, 21 zu rekonstruieren. Und in der Tat, 14 vollständige Skelette lagen schon dort am Rand, zusammengehalten von Draht. Ein Brustkorb mit Halswirbelsäule, dem der Schädel abhanden gekommen ist? Einen anderen Schädel drauf! Dort vorn eine Hand mit Unterarmknochen, Elle und Speiche; ran damit an einen Arm, der nur noch bis zum Ellbogen reicht! Wir mixen Menschen zusammen! Her mit euch, ihr zerschmetterten Opfer der Römer oder Kelten, wir geben euch eure Gestalt zurück!
17, 18 seid ihr jetzt, vielleicht anatomisch nicht immer richtig, wir sind keine Medizinerinnen, Karin und ich. Und wie kommt ihr nach oben? Wir haben Maultiere gemietet, ja, die gibt's hier. Große Körbe tragen sie, dort werdet ihr hineingesteckt, denn in der Luftseilbahn können wir euch

nicht transportieren. Und wenn ihr unterwegs durch das Schütteln einen Arm, ein Bein oder gar den Kopf verliert? Das ist nicht schlimm, wir haben genügend Draht dabei. Oben werdet ihr dann in das Galeriegrab gestellt – das ihr ja kennt; in ihm habt ihr auf eure letzte Reise gewartet. Wie gut ist es, daß es heute, bei eurer Rückkehr, regnet! Da sind in den Bergen keine Wanderer unterwegs, unsere makabre Karawane bleibt unbeobachtet, ihr könnt niemanden erschrecken.

Karin kam von der Lokalredaktion der Zeitung zurück. Schon ihrem Gesicht sah man an, daß sie wichtige Nachrichten mitbrachte. Es war wieder heiß, sie schwitzte, atmete heftig, ließ sich auf einen Stuhl fallen. Draußen auf der Terrasse befanden wir uns, im Schatten des Hauses, auf den Tisch hatte ich Fruchtsaft gestellt.
Erzähl, Karin, erzähl.
Die Reporter hatten einen Aussteiger aus der Sekte ausfindig gemacht. Und dieser bestätigte den Zusammenhang, den wir geahnt hatten.
Den Zusammenhang zwischen Sekte und Galeriegrab.
Karins Atem ging wieder normal, sie konnte jetzt gleichmäßig berichten, nicht mehr nur in Brocken. Aber viel gab es gar nicht mehr zu sagen. Jener Sektenaussteiger war nicht sehr mitteilsam gewesen und hatte sich der Lokalredaktion nur unter deren Versprechen anvertraut, seinen Namen geheimzuhalten; er fürchte nämlich die Rache seiner früheren Glaubensgenossen.
»Komm zur Sache, Karin. Was hat die Sekte mit dem Grab zu tun? Hat sie es ausgeraubt?«
»Das wußte der junge Mann nicht – aber dieser Schluß liegt natürlich nahe.«
»Was weiß er denn, dieser Aussteiger?«

»Daß die Sekte vor etwa eineinhalb Jahren – gerade zu der Zeit, als er im Begriff war, sie zu verlassen – das Grab entdeckt hat. Und intensive Beratungen im Leitungskreis die Folge waren.«

»Erzähl weiter, Karin, erzähl weiter.«

Karin war mit ihrem Bericht am Ende. Mehr habe der Aussteiger nicht verraten. Mehr wisse er wahrscheinlich auch nicht, jedenfalls habe er das beteuert.

Daß es in den alten mittel- und südamerikanischen Kulturen die Tradition des rituellen Menschenopfers gegeben hat, ist durch viele Funde und Zeugnisse erwiesen. Daß in den Anden diese Tradition auch heute noch existiert, daß Schamanen Menschen opfern, um die Götter gnädig zu stimmen und Katastrophen abzuwenden, daß viele davon etwas wissen und keiner darüber spricht – Patrick Tierney hat es erlebt. Er ist zu den Schamanen gegangen, hat mit den Angehörigen der Opfer gesprochen wie auch mit den nicht oder kaum ermittelnden Behörden.

Patrick Tierney, Zu Ehren der Götter. Menschenopfer in den Anden, 1989.

Widmung: »Für José Luis Painecur, Clemente Limachi und alle anderen Menschenopfer – gestern, heute und in Zukunft."

Also auch für Hedwig, Franziska, Gregor, Gerda, Friedrich, Wolfgang, Peter, Beatrice, Carola, Klaus …

Und für Angelika Rotebrück.

»Das Menschenopfer beruhte bei den Mexikanern weder auf Haß noch auf Grausamkeit. Es war ihre Entgegnung – und nach ihrer Weltanschauung die einzig mögliche Entgegnung – auf die Unbeständigkeit einer unaufhörlich von zerstörerischen Kräften bedrohten Welt. Um die Welt und die Menschheit zu retten, war Blut nötig: Der Geopferte war nicht einfach ein Feind, den man tötet, sondern ein zu den Göttern gesandter Bote, der selbst von einer gewissen Würde gezeichnet war. Durch das Opfer gewann die Sonne wieder Kraft und Wärme und konnte noch einmal ihre Wohltaten ausstrahlen; mit Hilfe der Opfer konnten die anderen Götter ihr Werk verrichten und immer ihrer Aufgabe gewachsen sein.« (Edmond Rochedieu)

»Eine der zentralen Intuitionen der ganzen vedischen Tradition besteht darin, das ganze Leben, das göttliche ebenso wie das kosmische, in Begriffen einer Dynamik zu sehen, die im Opfercharakter der Wirklichkeit selbst verwurzelt ist. Das Opfer ist die ursprüngliche Kraft, die allem vorausgeht. Prajapati schuf die Welt, indem er sich selbst opferte und als Opfergabe hingab. Und als er von seinem Schöpfungsakt er-schöpft war, gewann er seine Kraft wieder durch das Opfer (das diesmal von den Geschöpfen dargebracht wurde). Durch das Opfer gewinnen die Götter Unsterblichkeit. Aus dem Opfer des kosmischen Urmenschen durch die Götter wurden die Menschen, Tiere und der Kosmos geboren. Durch das Opfer gewinnen die Menschen den Himmel. Das Opfer ist das fundamentale Gesetz, das einfach alles bestimmt: das kosmische, göttliche und menschliche Leben. Das Opfer ist der Mensch. Das Opfer ist die totale Hingabe alles dessen, was wir haben und sind, durch diese Opferung entfaltet sich das Leben und sind wir vom Tod erlöst.« (Raimundo Panikkar)

»Was ich opfere, das ist mein egoistischer Anspruch, womit ich zugleich mich selber aufgebe. Jedes Opfer ist daher mehr oder weniger Selbstopfer. Der Grad hängt von der Bedeutung der Gabe ab. Ist mir die Gabe sehr wertvoll und betrifft sie mein persönlichstes Gefühl, so kann ich sicher sein, daß das Aufgeben des egoistischen Anspruches meine Ichpersönlichkeit im Sinne der Auflehnung herausfordern wird. Ich kann auch sicher sein, daß die Macht, welche diesen Anspruch unterdrückt, mich selber unterdrückt, mithin das Selbst sein muß. Das Selbst also ist es, das mich zum Opfern veranlaßt, ja es zwingt mich zum Opfern. Das Selbst ist der Opferer, und ich bin die geopferte Gabe, das Menschenopfer. Wir gewinnen aus dem Selbstopfer uns selbst, das Selbst, denn nur was wir geben, das haben wir.« (C.G. Jung)

Karin kehrt von ihrem ersten Besuch bei der Sekte zurück. Oh, ich hatte Angst um dich, wie gut, daß du unversehrt bist, laß dich umarmen! Wieder sehe ich deinem Gesicht an, daß du wichtige Nachrichten mitbringst. Sofort heraus mit ihnen, strapaziere nicht meine Geduld!
Nein, alles hat der Reihe nach erzählt zu werden. Sonst

kommt Karin durcheinander oder vergißt etwas. Und ohnehin schnauft sie wieder, muß erst ihren Atem beruhigen, etwas Fruchtsaft trinken; läßt währenddessen ihre Augen über die Sommerblumen unseres kleinen Gartens wandern, dann über die Bergwiese, wo wieder einmal das Heu gemäht ist.
Will sie mich auf die Folter spannen?
Nein, sie beginnt ihren Bericht:

Ich kannte das Anwesen der Sekte noch nicht, wußte auch nicht den Weg dorthin, war also ganz auf deine Informationen angewiesen, Angelika. Einen kleinen Wald hatte ich also zu durchqueren, und du kannst dir vorstellen, daß ich das bereits mit zitternden Beinen tat – denn hinter den Bäumen würde ja, nach deiner Beschreibung, das Gebäude auftauchen. Aber bevor ich den kleinen Wald verlassen hatte, stand schon – wie konnte es anders sein – jener Typ mit den beiden Hunden vor mir.
»Ihre drei Hunde sehen gefährlich aus«, stammelte ich.
Voller Mißtrauen hatte der Mann mich angesehen, aber auf meine Erwähnung von drei Hunden hin verzog er sein Gesicht zu einer fragenden Grimasse.
»Oh, wie sticht die Sonne vom Himmel«, seufzte ich. »Ganz ungewöhnlich für den späten Herbst, nicht wahr?«
»Für den späten Herbst? Wir haben Juli, Schwester.«
»Juli? Welchen Jahres, Bruder?«
Noch bevor der verdutzte Mann antworten konnte, fuhr ich fort: »Mein Psychiater hat mir geraten, meine Spaziergänge nicht zu lang auszudehnen; und immer wieder müsse ich unterwegs Menschen treffen, mich mit ihnen unterhalten.«
»Komm mit, Schwester«, sagte jener seltsame Hundeführer. »Ich kann dir das bieten, was dein Psychiater dir nicht zu geben vermag: Heilung.«

Bei vielen Naturvölkern bekannt, von neo-schamanischen oder Hexengruppen verwendet: rituelle Heilung. »Ein Beispiel: Jemand hat eine organische Erkrankung. Mehrere Mitglieder der Gruppe treffen sich zum Heilungsritual beim Kranken. Es wird beschlossen, die Krankheit als Dämon sichtbar werden zu lassen und zu bannen. Dazu werden zunächst die gewöhnlichen Vorbereitungen für ein Ritual getroffen: Ein Kreis wird um die Ausführenden gezogen, um den geweihten Raum zu kennzeichnen. Die vier Himmelsrichtungen werden angerufen und mit ihren Symbolen gekennzeichnet – das können Zeichen an der Wand (Kreis, Dreieck, Halbmond, Quadrat) sein oder Gegenstände auf dem Boden (Räucherwerk, Kerze, Wasserschale, Kupferplatte). Damit ist eine geistige Struktur im Raum vorgegeben und das Gefühl des Geschütztseins verstärkt. Anschließend werden die Gottheiten um Hilfe gebeten und eventuell von einem oder mehreren Anwesenden invoziert, um durch sie direkt zu wirken. Alle stehen im Kreis um den Kranken und summen leise, auf und ab schwellend, bis alle in einer leichten Trance sind und anfangen, auf der astralen Ebene wahrzunehmen. Der Kranke liegt in der Mitte des Kreises, entspannt sich völlig und bemüht sich, bewußt, aber passiv dabeizusein. Reicht die durch das Summen gesammelte Kraft aus, so wird sie in einem Gruppenteilnehmer konzentriert (durch die Vorstellungskraft aller), der sich nun direkt vor den Kranken stellt. Die anderen bleiben im Kreis stehen und unterstützen den Vorgang. Dieser Ausführende richtet nun seinen magischen Stab (Symbol des Willens) auf die erkrankte Stelle und befiehlt dem ›Dämon‹ zu erscheinen. Nach einer Weile beginnt sich an dieser Stelle mehr oder weniger deutlich eine Gestalt abzuzeichnen, die für die Anwesenden – und günstigenfalls auch für den Kranken – vor dem ›inneren Auge‹, das heißt in der Vorstellung, sichtbar ist. Diese Gestalt scheint sich aus dem Körper des Kranken zu lösen und über ihm zu schweben. Das kann für diesen sehr unangenehm und beängstigend oder auch befreiend sein. Die Anwesenden geben ihm dabei den nötigen menschlichen Rückhalt, um die Verkörperung seiner Krankheit ertragen zu können. Am besten ist es, wenn der Kranke hier selbst aktiv wird und die Bild-Gestalt in sich aufnimmt und damit integriert. Sie kann aber auch in einen Gegenstand gebannt werden, den der Kranke als eine Art Talisman behält. Oder der Kranke erfährt den Namen des ›Dämons‹ und nimmt ihm damit seine Macht. Anschließend danken alle den Gottheiten, erden die aufgebauten Kräfte und lösen den Kreis auf. Im Falle eines geglückten Rituals verschwinden die körperlichen Symptome innerhalb kurzer Zeit.« (Jörg Wichmann)

Ich fand das Gehöft der Sekte so schmuck und gepflegt, wie du es beschrieben hast, Angelika. Anders als du zählte ich die Fenster mit den Blumenkästen leise, nicht laut; und kam ebenfalls auf dreiundzwanzig.

Aber nur einundzwanzig Zimmer seien belegt, hast du mir gesagt.

Dreiundzwanzig Plätze im Todesflugzeug, aber nur einundzwanzig belegt.

Dreiundzwanzig Plätze im Galeriegrab, aber nur einundzwanzig belegt.

Dreiundzwanzig Plätze im Anwesen der Sekte, aber nur einundzwanzig belegt.

Du hast, Angelika, lediglich das vordere Gebäude des Anwesens gesehen, das Wohngebäude. Es gibt noch zwei ehemalige Stallungen und eine Scheune. Die vier Gebäude bilden ein Quadrat, sie schließen also einen Innenhof ein. Ich wurde von der Seite her, durch eine der Stallungen, in das Anwesen geführt, bekam also, noch bevor ich das Wohnhaus betrat, den Innenhof zu sehen. Und mein geschärfter Blick – mein Blick, der entdecken wollte – nahm dort kleine Erdhügel wahr, leichte Erhöhungen auf der Wiese, jeweils mit einer Staude Blumen darauf.

Wahrscheinlich Gräber; einundzwanzig, ich konnte rasch zählen; unsere Skelette liegen dort, Angelika – so ist jedenfalls zu vermuten.

Das Wohngebäude betrat ich also vom Innenhof her. Und schon stand der Leiter der Sekte vor mir. Er sah genauso aus, wie Fred ihn dir beschrieben hat: sympathisches,

freundliches Gesicht, die kleine Unregelmäßigkeit bei den Augen.
Ich mußte mir dann den üblichen Sektenquatsch anhören. Man arbeite hier in der Einsamkeit durch Gebet und Meditation an der Erlösung des in der Materie eingeschlossenen göttlichen Ich.
»Auch du solltest erwachen, Schwester. Solltest erkennen, daß die Welt ein Trugbild ist.«
Für mich ist die Welt kein Trugbild – aber das sagte ich dem jungen Mann nicht, mit dem ich da in seinem Büro saß, in viel zu schweren Ledersesseln. Pflaumenkuchen mit Sahne, hin und wieder ein halbwegs sympathischer Kerl auf mir beziehungsweise ich auf ihm, eine erfolgreiche Laufbahn – ich kann so etwas nicht als »Trugbild« bezeichnen.
»Wir müssen ›ganz‹ werden, Schwester; das ›Eigentliche‹ finden.«
Oh, der »Mythos vom ganzen Menschen«. Komm mir nicht damit, mein Freund.

»Für gegenwärtige Durchschnittsreligiosität ist der ›Mythos vom ganzen Menschen‹ von hoher Bedeutung: Der Mensch kommt mit allen Möglichkeiten der Selbstverwirklichung und Identitätsfindung zur Welt – doch dann unterliegt er den verschiedensten Beeinträchtigungen, seitens der Eltern, der Schule, der Berufswelt, der Geschlechterrollen, der genormten Familienkonstellation usw. So stellen sich die verschiedensten Beschädigungen ein, bis ihn die Botschaft trifft, daß er eigentlich ›okay‹ ist. Damit ist er zur Selbstverwirklichung und Identitätsfindung aufgerufen und herausgefordert; die verschiedensten religiösen und parareligiösen Institutionen helfen ihm dabei. – Die Banalität dieses aufklärerisch-gnostischen Mythos ist, wenn man ihn so erzählt, offensichtlich; trotzdem übt er hohe Faszination aus (vielleicht weil er kaum je ganz expliziert wird), und man macht allenthalben von ihm Gebrauch, auch innerhalb der Kirchen.« (Fritz Stolz)

Mit deiner Ideologie vom Menschen als Pflänzchen, das ein

Recht darauf hat, gehegt und gepflegt zu werden, kannst du empfindsame romantische Gemüter verführen, mein Freund. Nicht mich. Ich lasse mich nicht um meine Handlungsmöglichkeiten bringen. Mein Leben ist das, was ich daraus mache. Und ich habe eine Menge daraus gemacht.

All dies sagte ich dem jungen Sektenführer natürlich nicht, der mit treuherzigen Augen auf mich einredete, ich dachte es nur. Auch die ganze Mythologie der Sekte wurde mir noch vorgetragen, die krause Vorstellung eines Erlösungsdramas, bei der jede Menge Gottheiten beteiligt sind, bunt zusammengemischt aus den verschiedensten antiken Traditionen.

Auffällig war bei dieser wirren Erzählung, daß immer wieder der Begriff »Opfer« fiel. Erst das Opfer setze Kraft für das Leben frei.

»Aus dem Opfer des göttlichen kosmischen Urmenschen entstand überhaupt erst der Kosmos – mit Pflanzen, Tieren und Menschen. Umgekehrt erwarten die Götter von uns ...«

»Was erwarten sie?«

»Damit der Kosmos erhalten bleibt, damit seine Energie sich nicht verbraucht, sind ständig neue Opfer nötig; dargebracht nunmehr seitens der Menschen. In allen Kulturen wußte man das, Schwester, in allen Kulturen."

»Auch bei den Römern und Kelten?«

Ein mißtrauischer Blick fiel auf mich. Aber sofort klärte sich das Gesicht des jungen Sektenführers wieder auf, Unschuld und Treuherzigkeit kehrten zurück. »Laß uns nun zum Heilungsritual schreiten, Schwester«, meinte er. »Denn du bist ja mit einem Problem gekommen. Und in unserer Gemeinschaft ist göttliche Kraft da, die dieses Problem beseitigen wird.«

Für das Heilungsritual mußte der junge Mann die ganze

Gruppe zusammentrommeln. Er verließ das Büro und rief durch das Haus, man möge sich in der Scheune versammeln. Aber einige Mitglieder waren offenbar gar nicht im Gebäude, der junge Mann hatte nach draußen zu gehen, um sie dort zu suchen.
Diese Zeit nutzte ich, um mich im Büro ein wenig umzusehen. Und ich fand etwas, was mir das Blut in den Adern gefrieren ließ, Angelika: Das Foto einer Gruppe von Menschen, folgender Satz darunter: »Dank an euch, ihr Menschenopfer, ihr habt uns gerettet.«
Auf dem Foto, Angelika, warst du – zusammen mit zwanzig anderen Leuten, wohl deinen Versuchspersonen, denn aufgenommen war das Foto in einem Schloßhof. Ich legte es gleich wieder zurück, hörte ich doch Schritte, der Sektenführer ...

Karin konnte nicht weiterberichten, ich war aufgesprungen und rief: »Er hat das Foto gemacht, Kubitzki. Eine schöne Erinnerung sollte es sein. Wenn ich gewußt hätte, was wirklich seine Absicht war ...«

Karin erzählte rasch zu Ende. Sie hatte also ein Heilungsritual über sich ergehen lassen müssen, zwei Stunden lang. Hinterher hatte sie Dankbarkeit geheuchelt und gesagt bekommen, falls wider Erwarten ihre Krankheit nicht verschwunden sei, solle sie noch einmal erscheinen; man werde dann das Ritual wiederholen.
Vom speziellen Inhalt ihrer Halluzinationen – volles Galeriegrab / Angelika Rotebrück als Lebende gesehen – hatte sie noch nichts verraten.

Zu den Leuten von der Lokalredaktion der Zeitung konnte man Vertrauen haben. Mit der Geschichte, die Fred ihnen

erzählt hatte – die verschwundenen Skelette –, waren sie diskret umgegangen; mit meiner würden sie es auch tun, das hatten sie Karin versprochen. Dafür würden sie dann aus beiden Geschichten die Story des Jahres machen dürfen.
Sie saßen uns auf der Terrasse des Chalets gegenüber, drei Männer, zwei im mittleren Alter, der dritte noch jung, außerdem gut gebaut, stämmig: ein Modellathlet. Sportreporter.
Nur ungern ließen sie ihren schweizerischen Dialekt beiseite, der für Karin und mich hier in der Region besonders schwer verständlich war, und sprachen Hochdeutsch. Ehrliche, offene Gesichter hatten sie; etwas schwerfällig kamen sie mir vor, aber man durfte sich nicht täuschen, ihre Augen waren flink. Und auch ihr Verstand arbeitete schnell.
Sie hatten mich sofort erkannt, waren zurückgewichen, einer von ihnen – nicht der Modellathlet – war blaß geworden. »Ja, eine Tote begrüßt Sie«, hatte ich gesagt – aber nicht im scherzhaften Ton, dafür war mir die Sache zu ernst.
Und dann weihten wir sie in unseren Plan ein und erklärten, welche Rolle ihnen dabei zugedacht war.
Der älteste der drei, offenbar der Chef, nickte bedächtig: »Da händ Sie sich aber öpis guets usdenkt. Doch viliecht es bizzeli gfährlich.«
Doch wieder Schweizerdeutsch. Aber ich hatte dennoch verstanden, wenigstens einigermaßen. »Ja, die Sache könnte gefährlich werden«, gab ich zu, »man weiß nicht, mit wievielen sie erscheinen werden und wie ihre Reaktion sein wird.«
»Der Rüedi nimmt es mit fünfen auf einmal auf«, nickte der Mann beruhigend.

Rüedi, der Modellathlet, war »Schwinger«. »Schwingen«, ließ ich mir erklären, sei eine schweizerische Form des Ringens.
»Er muß ganz dicht bei mir bleiben, sozusagen als Leibwächter!«
Rüedi lachte und zeigte ein prächtiges Gebiß, perlweiße Zähne. Seine Schultern sprengten fast das T-Shirt. Karin schaute ihn etwas zu intensiv an, fand ich.
Als die Männer wieder fort waren und auch Karin die Terrasse verlassen hatte, wollte sich die Zwangsneurose melden, wollte mir befehlen, die Rosenblüten an der Hauswand zu zählen. Sie wollte. Doch ohne Gegenwehr meinerseits, ohne daß ich auch nur das Geringste tat, fiel der Zwangsimpuls wieder in sich zusammen. Ich konnte an diesem Nachmittag in aller Ruhe ein Buch lesen, konnte mich entspannen – mit dem Duft des Heus in der Nase.
»Ich finde, du siehst in den letzten Tagen frischer und jünger aus, Angelika, nicht mehr so düster.« Karin war aus der Küche zurückgekommen und bot mir ein Stück Pflaumenkuchen an.
»Ja, es geht mir besser«, murmelte ich und begann den Kuchen zu essen.

Karin kehrte von ihrem zweiten Besuch bei der Sekte zurück; von dem entscheidenden; von dem, bei dem sie die Falle hatte stellen wollen. War das geglückt?
Ja, allem Anschein nach.
Komm, laß dich umarmen, Schwester.

Der Inhalt der Halluzinationen mußte also vermittelt werden. Im Büro des Leiters, tief im Ledersessel versunken, klagte Karin ihr Leid: Noch keine Heilung – weiterhin Halluzinationen – immer wieder sehe sie das Galeriegrab

auf dem Güggisgrat, das Archäologen dort leer entdeckt hätten, gefüllt mit Skeletten; mit genau einundzwanzig. Zusammenzucken des Gegenübers.
Karin gewährte dem jungen Mann keine Pause, machte sofort weiter. Aus ihrer Handtasche holte sie eine Tageszeitung mit meinem Foto. »Diese Frau erscheint mir jede Nacht«, sagte sie. »Sie ist lebendig. Sie treibt sich irgendwo hier in der Gegend herum, ich habe sie auch schon am Tage gesehen. Sie teilte mir mit, auch einem von euch bereits begegnet zu sein: dem Wächter, dem Mann mit den beiden Hunden.«
Der junge Sektenführer sprang auf, verließ den Raum. Als er zurückkam, wollte er mehr über Angelika Rotebrück wissen.
»Sie hat mir gesagt, sie werde am 1. August um 22 Uhr am Galeriegrab auftauchen. Auf dem Gerüst, das die Archäologen dort zimmern ließen. Sie wolle den Skeletten begegnen.«
»Am 1. August? Am Schweizer Nationalfeiertag? Und um 22 Uhr, genau dann, wenn das Feuerwerk beginnt?«
»Das hat sie gesagt.« Karin zuckte mit den Schultern.
»Schwester, laß uns jetzt noch einmal das Heilungsritual durchführen. Schließlich willst du mit Halluzinationen wie diesen doch nicht für dein ganzes Leben geschlagen sein, oder?« Nur sehr leise waren diese Sätze über die Lippen des Sektenführers gekommen. Und Karin hatte beobachtet, daß seine Lippen bebten.
Er würde – zusammen mit seinen Leuten? – am 1. August um 22 Uhr vor dem Galeriegrab sein.
Jedenfalls war das anzunehmen.

»Bestell auch seine Mutter dazu«, schlug Karin vor.
»Seine Mutter?«

»Ein kurzer Brief wird genügen: ›Angelika Rotebrück lädt Sie ein, Frau Dr. Reimann, am 1. August und so weiter, und so weiter. Dazu ein Foto von dir, aufgenommen vor dem Bergrestaurant des Niederhorns; du hast eine Tageszeitung in der Hand, Datum deutlich erkennbar.«
»Ja, sie wird kommen«, murmelte ich.

Andere Länder, andere Sitten. In der Schweiz findet der Übergang vom alten Jahr zum neuen ohne Feuerwerk statt, ein solches veranstaltet man aber am 1. August. Und große Feuer zündet man dann an vielen Stellen an, die Holzstöße werden schon Tage vorher aufgerichtet. Welch ein Glück für Karin und mich, auch auf dem Höhenrücken dem Güggisgrat gegenüber, auf dem Sigriswilgrat, entdeckten wir Holzstöße, und von was für einer Größe! Sicher würde der Schein bis zu uns herüberreichen – bei dem geringen Abstand zwischen den beiden Höhenrücken. Zur Beleuchtung unseres Galeriegrabs würde dann neben dem Feuerwerk auch noch Feuer selbst hinzukommen.
Ein milder Sommerabend, wie man ihn sich schöner nicht vorstellen kann. Hier und dort werden bereits Knallkörper gezündet, den Kindern und Jugendlichen fällt es schwer, bis zehn Uhr zu warten. Unsere Equipe trennt sich: der Museumsangestellte, die beiden Studentinnen und der Student machen sich auf den Weg ins Tal, um dort die Absperrung vorzunehmen; schließlich wollen wir niemanden gefährden. Karin und ich warten noch auf die Leute von der Presse, dann brechen auch wir auf. Ich halte mich nahe an Rüedi, jetzt schon, obwohl noch gar keine Gefahr droht.
Natürlich sind wir sehr früh am Galeriegrab, bereits um neun Uhr, wir wollen ja nicht riskieren, daß unsere Gäste vor uns dort auftauchen. Und dann heißt es für Rüedi und mich: hinein ins Grab; sich in eine Reihe mit den Gerippen

stellen, in den beiden Nischen, die frei geblieben sind – die zweiundzwanzigste und dreiundzwanzigste.
Karin hat uns mit der Taschenlampe hineinbegleitet. Wie eine Platzanweiserin im Kino. Der Schein der Lampe huschte an all den Skeletten vorbei, bis ganz hinten mußten wir uns durchzwängen, erst dort waren unsere Plätze.
Und nun herrscht völlige Dunkelheit; auch vom Licht des untergehenden Tages, vom letzten rötlichen Glanz der Sonne, die bereits hinter den Bergen verschwunden ist, sind wir abgeschnitten – Karin hat, zusammen mit den beiden draußen gebliebenen Reportern, die steinerne Abdeckplatte vor den Grabeingang gerückt.
Mit Rüedi, dem Mann an meiner Seite, kann ich die Situation aushalten; allein würde ich wohl vor Angst sterben. Noch brauchen wir nicht in die Nischen selber zu gehen, das wird erst nötig sein, wenn wir draußen Stimmen hören; oder Schritte auf den Brettern des Gerüsts. Wir können also, jedenfalls im Augenblick, in dem engen Gang nebeneinanderstehen.
Oder in einer unserer beiden Nischen.
90 cm breit, das reicht für zwei nur dann aus, wenn man sich zueinander dreht. So dicht habe ich noch nie einen fremden Mann an mir gespürt, Karin müßte jetzt an meiner Stelle sein ... Im Flüsterton unterhalten wir uns, er erzählt mir von seiner Arbeit.
Plötzlich spannen sich seine Muskeln an, er hat etwas gehört. Ja, jemand ist auf dem Gerüst. Oder sind es mehrere? Er muß mich also jetzt verlassen, muß in seiner eigenen Nische verschwinden. Und wenn bei der ersten größeren Detonation – gleich, wenn das Feuerwerk beginnt – die Abdeckplatten des Grabes wie von Geisterhand vom Berg weggerückt werden und in die Tiefe stürzen – durch jenen

Spalt von 50 cm, um den wir das Gerüst verschmälert haben –, wer paßt dann auf mich auf? Wer stellt sicher, daß ich nicht mit hinabfalle?
Er wird mich zur Not halten – falls ich taumele oder jemand nach mir greift. Seine Arme haben die Kraft eines Krans. Mit einem Sprung wird er auf dem Gerüst sein, mich mitziehen, dort sind wir in Sicherheit. Und falls es zu einer körperlichen Auseinandersetzung kommt?
»Der Rüedi nimmt es mit fünfen auf einmal auf.«
Erneut Schritte auf dem Gerüst, dann ein heller Schrei, von einer Frau. Die Fabrikantenwitwe und der junge Sektenführer sind zusammengetroffen, Mutter und Sohn – anders kann es nicht sein. Und das Feuerwerk hat eingesetzt, für Rüedi und mich zwar nicht sichtbar, aber hörbar: überall Krachen und Zischen. Wenn nur bald draußen eine größere Detonation stattfindet! Damit das Drama zu seinem Höhepunkt kommt!
Selbst für Rüedi und mich, die doch wußten, was geschehen sollte, ist die Offenlegung des Grabes eine Überraschung. Nur eine kleine Sprengladung unten an den Steinplatten war nötig gewesen, nur ein wenig von der Felswand weg hatten sie bewegt werden müssen – um dann auch schon von alleine in die Tiefe zu sausen. Alle auf einmal. Durch den 50 cm breiten Spalt zum Gerüst hin. Vollkommen lautlos ging die Aktion vor sich, wirklich wie von Geisterhand. Denn unsere kleine Detonation ist von der großen draußen verschluckt worden.
Von einem Augenblick zum anderen stehen also diejenigen, die sich auf dem Gerüst befinden, vor einem auf der ganzen Länge von zweiundzwanzig Metern geöffneten Galeriegrab. Sie stehen vor einer Bergwand, in die dreiundzwanzig 90 cm breite Nischen geschlagen sind. Von diesen Nischen sind einundzwanzig mit Skeletten gefüllt,

in den letzten beiden sieht man – in weißen Gewändern – Angelika Rotebrück und einen Mann.
Und dann die Beleuchtung! Flackernder Feuerschein, dazu die immer wechselnden Farben vom Feuerwerk. Bald schimmern die verblichenen Knochen und die weißen Gewänder grünlich, bald violett – oder in jenen anderen Farben, mit denen die zerplatzenden Raketen sonst noch den Himmel bemalen.
Auf dem Gerüst stehen nur zwei Personen: Mutter und Sohn. Keine Gefahr geht von ihnen für mich aus, der Leibwächter wäre nicht nötig gewesen. Sie sind bereits weich, sie werden alles sagen, das sieht man ihren entsetzten Gesichtern an. Aber noch werde ich sie nicht zur Rede stellen, ich habe abzuwarten, bis die Reporter ihre Aufnahmen gemacht haben. Die Kameras schicken ihre Blitze zunächst von oben herab – die beiden Männer knien drei Meter höher auf überhängenden Felsen. Dann sind die Reporter auf dem Gerüst, fotografieren Mutter und Sohn von allen Seiten, mit und ohne Skelette. Rüedi und ich sind jetzt ebenfalls auf dem Gerüst; der Sprung ist kein Problem gewesen, obwohl eine Tiefe von Hunderten von Metern zu überqueren war. Fotos auch von mir, Angelika Rotebrück. Im weißen Gewand, warum nicht. Im weißen Gewand – das aber nicht zu meinem Totenhemd geworden ist, Frau Dr. Reimann.
Sie erzählt alles. Scheut auch vor dem hingehaltenen Mikrophon nicht zurück.
Ein Junge aus gutem Hause, der – nach einschlägigen Erfahrungen mit Esoterik – ein krankhaftes religiöses Sendungsbewußtsein entwickelt und zum Sektengründer wird. Kaum aushaltbar für die Mutter. Aber sie bricht die Beziehung nicht ab, zumal sie keinen Mann mehr hat, sie steuert zum Unternehmen des Jungen sogar Geldmittel bei.

Und dann die verhängnisvolle Entdeckung des Galeriegrabs. Unter den vom Sohn verführten jungen Leuten ist eine Archäologiestudentin, die jene Zusammenhänge aufdeckt, auf die später auch Fred kommen sollte. Die Mythologie der Sekte paßt sich dem Fund an – und dem rekonstruierten Sachverhalt des Menschenopfers bei Römern und Kelten. Einundzwanzig Personen sind dem Mars Albiorix vorenthalten worden! Kann es ein Zufall sein, daß unsere Gruppe – auf göttliche Anordnung hin – ebenfalls aus einundzwanzig Leuten besteht? Wir sind dazu ausersehen, das damals nicht ausgeführte Opfer nachzuholen. Wir müssen uns den Güggisgrat hinabstürzen. Die Belohnung wird das Erwachen in einem paradiesischen Zustand sein.

Kollektiver Selbstmord einer Sekte! Die Mutter erfährt von dem Vorhaben, versucht verzweifelt, es dem Sohn auszureden. Stößt aber auf taube Ohren.

Der Tag des Abschiednehmens ist nahe herangerückt. Die Mutter wagt nicht, die Behörden einzuschalten, das könnte bei der Sekte eine Panikreaktion veranlassen – einen vorgezogenen Aufbruch ins Paradies. Aber dann hat sie die rettende Idee: Stellvertretertod. Mars Albiorix würde doch sicherlich an eurer Stelle einundzwanzig andere Menschen akzeptieren.

Dieser Vorschlag löst Verblüffung aus. Der Sohn überlegt noch, die Mutter handelt bereits: sie schaltet Kubitzki ein.

»Wie war das möglich, Frau Dr. Reimann? Wie konnte der Professor auf Ihr Anliegen eingehen?«

Die Frau steht nicht mehr, sie kniet auf den Brettern, sich mit den Händen vorne abstützend. Auch ich muß mich hinknien, sonst könnte ich sie nicht mehr verstehen. Im schwächer werdenden Feuerwerk, das nur noch hin und wieder auf die Gerippe in der Bergwand einen Schein fal-

len läßt, sagt sie: »Der Mann war in meiner Hand, denn ich habe mir vorbehalten, die Stiftungsprofessur alle fünf Jahre förmlich zu erneuern – kann sie nach jeweils dieser Frist also auch auslaufen lassen.«
»Und für Kubitzki gibt es nirgendwo sonst eine Arbeitsmöglichkeit. Er steht und fällt mit seiner jetzigen Stelle ...«
»So ist es. Deshalb gehorchte er mir.«
»Und lockte mich in die Falle.«
»Es tut mir leid für Sie und die anderen. Aber ich mußte an meinen Sohn denken. Ich sah keine andere Möglichkeit, ihn zu retten.«
Das Feuerwerk ist nun endgültig zu Ende. Auch die Feuer auf dem gegenüberliegenden Höhenrücken sind verlodert, wir befinden uns im Dunkel.
Endlich sagt auch der Sohn, der Sektenführer, etwas: »Wenn ihr doch nur erwachen würdet, ihr alle; und erkennen, daß die Welt ein Trugbild ist.«

ODE 34

Die wahre Welt und die Welt des Scheins

(Die untere Welt ist nur in der Einbildung dessen vorhanden, der keine Erkenntnis besitzt. Ein solcher gelangt nicht in die Tiefe des erleuchteten Denkens, in der alle Plage und Zwiespältigkeit schöner Einheitlichkeit weicht. Wer aber die göttliche Offenbarung im Glauben erfaßt und sich dadurch erlösen läßt, der ist in der wahren, oberen Welt heimisch geworden.)

Es gibt keinen harten Weg da, wo ein einfältiges Herz ist,
auch keine Plage bei aufrichtigen Gedanken.
Auch keinen Sturm in der Tiefe erleuchteten Denkens.
Da, wo ringsum schönes Land,
ist nichts Zwiespältiges drinnen.
Urbild dessen, was drunten ist,
ist das, was droben.
Denn alles ist droben,

und drunten ist nichts, sondern es erscheint nur so denen, in denen keine Erkenntnis ist.

Könnte es sein, daß dort hinten, am äußersten Ende des Gerüsts, Karin und Rüedi ihre Körper dicht aneinanderdrängen? Jenes Helle – das müßte Rüedi in seinem weißen Gewand sein; und jenes Massige Karin.
Ich klettere die Strickleiter hinauf. Drei Meter. Dann bin ich wieder auf festem Grund. Vielleicht ist im Chalet noch etwas Pflaumenkuchen mit Sahne da, ich habe Hunger.

Literaturnachweis

Seite 5: Peter L. Berger, Auf den Spuren der Engel, Frankfurt 1981, 49.

Seite 6: Horst Stenger/Hans Geißlinger, Die Transformation sozialer Realität, in: Kölner Zeitschrift für Soziologie und Sozialpsychologie 43 (1991), 247 – 270, hier: 247.

Seite 14: Psychologie Heute 24 (1997), Heft 9, 13.

Seite 29: Walter Schulte/Rainer Tölle, Psychiatrie, Berlin 4. Auflage 1977, 75.

Seite 30: Ebd., 74.

Seite 35: Morton Smith, Jesus der Magier, München 1981, 174.

Seite 78: Ebd.

Seite 80f.: Gustave Le Bon, Psychologie der Massen, Stuttgart 1982, 23 – 25.

Seite 102: DIE ZEIT, Sonderheft: Achtung, Seelenfänger! Sekten, Gurus, Psycho-Freaks, 4 (1997), 12.

Seiten 109 – 111: Eve Jones, Rebirthing, in: Raymond J. Corsini (Hrsg.), Handbuch der Psychotherapie, Band II, Weinheim/ Basel 1983.

Seiten 112 – 114: Paul Bindrim, Aqua-Energetik, in: aaO., Band I, 1983.

Seite 115f.: Carl Gustav Jung, Gesammelte Werke 9/I, Olten 1976, 26f.

Seite 121: Carl Gustav Jung, Gesammelte Werke 10, Olten 1974, 341.

Seite 141: Edmond Rochedieu, in: Die Großen Religionen der Welt, Band I, Genf 1972, 29f.

Seite 142: Raimundo Panikkar, Rückkehr zum Mythos, Frankfurt 1985, 157f.

Seite 142: Carl Gustav Jung, Gesammelte Werke 11, Olten 2. Auflage 1973, 285f.
Seite 144f.: Jörg Wichmann, Die Renaissance der Esoterik, Stuttgart 1990, 269 f.
Seite 146: Fritz Stolz, Grundzüge der Religionswissenschaft, Göttingen 1988, 146f.